从战略定位
到执行落地

李元伟◎著

中国商业出版社

图书在版编目（CIP）数据

从战略定位到执行落地 / 李元伟著. -- 北京：中国商业出版社，2025.3. -- ISBN 978-7-5208-3317-2
Ⅰ. F272

中国国家版本馆CIP数据核字第2025KA1400号

责任编辑：郑　静
策划编辑：刘万庆

中国商业出版社出版发行
（www.zgsycb.com 100053 北京广安门内报国寺1号）
总编室：010-63180647　　编辑室：010-83118925
发行部：010-83120835/8286
新华书店经销
香河县宏润印刷有限公司印刷
*
710毫米×1000毫米　16开　13.75印张　200千字
2025年3月第1版　2025年3月第1次印刷
定价：68.00元
****
（如有印装质量问题可更换）

前言

企业成功的两把钥匙

企业成功=战略×执行

在经济全球化、信息全球化及知识经济飞速发展的"VUCA时代",现在的企业已经处于复杂、多变、激烈的竞争中,在过去竞争环境中的企业管理已经过时,当前客户要求变得更加苛刻,竞争已经变成动态竞争,变化成为唯一不变的事情。不论是国内外各大企业集团公司,还是中小型创业公司,都在寻找将战略迅速转化为执行落地的完整的工具方法。企业需要制定自己的发展战略,以及做好长远的可持续发展规划。战略制定、战略创新,尤其是战略执行,已经成为企业永续经营的重要生存法则,企业战略执行管理正是基于新环境挑战所作出的一种反应。《财富》杂志对CEO失败原因的一份调查显示,得到有效执行的战略不足10%。很多CEO失败的原因在于,他们过分地强调愿景和战略,这就导致企业内部产生了错误的认知,即只要有正确的战略就可以成功了。然而他们忽视了企业成功=战略×执行,当战略和执行任何一个为"0"无效的时候,企业都无法成功。如今,战略和执行的重要性早已成为很多企业的共识,然而依然有一批企业倒在了这条路上。究其深层原因,很大程度上是因为从战略解码到执行落地的过程中出了问题,要么因为战略解码不正确,导致执行路径上出现了意想不到的偏差,要么因为执行落地不合理,无法把战略转化为企业发展的动力。全球平衡计分卡协会（BSCI）中国分支机构——博意门推出的《中国企业战略执行调研白皮书》显示，中国竟有83%的企业执行不力，只有17%的企业有完善的、固化的持续性战略管理流程。

一个企业没有明确的目标，就好像一条船在海里漂荡，因为没有目标港，因此不管这条船漂了多久，有多少经历风浪的经验，它始终不会到达目的地；同样，即使有了目标港，尽管这条船有很好的现代化设备，有强大的发动机动力，但是如果没有一流的船长和船员，也没有办法将船开到目的地，那它只能是东游西荡，始终不能到达最后的港湾。

然而，从战略制定到执行落地是一个庞杂繁复的系统问题，很多企业负责人，以及管理者似乎无从下手，无法有效落地。故本书旨在展现从战略解码到执行落地的全过程，通过一系列的可视化工具以及丰富的案例，可以让您采取"拿来主义"，变成自己的从战略到实现的蓝图。开卷有益，希望本书能够为困顿于战略和执行的企业提供一些有价值的参考和帮助。

目录

第一部分 路径

描绘路径：战略定位到执行落地的路径地图 / 2

　　为什么企业战略总是无法落地 / 2

　　画出从战略到执行的清晰路径图 / 6

　　从战略定位到执行落地的七大步骤 / 13

第二部分 定位

第一步　定位战略方向：战略思路决定企业出路 / 18

　　明确企业战略定位的价值 / 18

　　做好企业的战略方向规划 / 21

　　战略的本质是选择的艺术 / 44

第二步　构建商业模式：企业成功的关键之匙 / 53

　　用商业模式画布输出商业模式 / 53

　　如何将战略与商业模式进行结合 / 63

　　商业模式的设计步骤 / 71

第三步　梳理关键改进：从内外部找到与核心指标的差距 / 82

　　找到与战略相关的创新改进点 / 82

　　BPM：从业务流程中找出改进点 / 83

　　CTQ：把客户需求转化为创新点 / 90

　　通过关键改进和创新修订战略方向 / 94

第三部分　解码

第四步　解码核心指标：找出企业的核心战略举措 / 100

　　用战略地图描绘成功的路径 / 100

　　如何绘制战略地图 / 108

　　精准识别企业核心战略举措 / 119

　　用 IPOOC 导出核心战略指标 / 126

第五步　明确组织绩效：从核心战略举措到绩效指标 / 134

　　组织绩效的本质是什么 / 134

　　组织绩效指标是如何产生的 / 135

　　识别组织自身的绩效目标 / 138

　　逐层建立组织绩效的逻辑方法 / 147

第四部分　执行

第六步　控制执行效果：强大的执行，才有完美的战略 / 156

　　体系控制：强有力的工作规划体系 / 156

　　承诺控制：用 PBC 让企业与员工共同成长 / 169

过程控制：五步控制法让执行更有力 / 175

第七步 激活人力资本：战略达成的最关键因素是人 / 180

从人力资源到人力资本的，激活人力效能 / 180

打造卓越人才供应链：企业发展的关键引擎 / 182

保留核心高贡献员工：企业发展的关键支柱 / 190

提升人力成本贡献率：企业发展的关键效能 / 200

后 记 / 212

第一部分　路径

　　目标就在那里，不远不近，但我们该如何到达？用路径地图定位坐标，前进的道路如此清晰。

描绘路径：战略定位到执行落地的路径地图

为什么企业战略总是无法落地

我们不妨大胆设想一下，你阅读这本书是因为正在考虑，如何确保公司的战略大致正确，并有效地执行下去。

其实，如何做正确的事，把事做正确，是困扰很多企业管理者的主要问题，但是对于这个棘手的问题，很多企业并不具备系统化的思维和有效的解决方案，所以我们需要一个简捷有效的流程工具，一个甚至可以让企业家、管理者拿来套用的工具来解决这个问题。

所以我们应该用蓝图实现的思维来思考这个问题，因为它可以在脑海中，提前清晰地描绘出一个完整从产生到落地的全过程。

"战略"源于古代兵法，属军事术语，在军事上，"战"通常是指战争、战役，"略"通常是指筹划、谋略、联合取意，"战略"是指对战争、战役的总体筹划与部署。我国古代兵书早就提及过"战略"一词。在中国革命战争中，"战略"甚至决定着战争全局的成败。鉴于市场经济激烈的竞争环境，为兼顾长、短期利益，促进企业长远发展，受美国经济学家安索夫《战略管理》一书的影响，"战略"一词便开始广泛应用于经济管理中，并由此延伸至社会、教育、科技等各个领域，由此便诞生了企业战略。

虽然"战略"一词是企业家们挂在嘴边的日常用语，但关于"什么是战略"这个问题，绝大多数企业家却难以给出系统、准确的回答，在企业的现实经营当中，超过95%的企业家只能用诸如计划、规划、方向、目标、愿景等几个名词说出战略的部分内涵。

"公司的战略是什么？"这个看似简单的问题，对于中国的绝大多数企业家来说都是一个难以回答的问题。有机构专门对此做过统计，能够给出完整战略陈述的中国企业家不超过10%。

体现在实际的经营活动中：就是我们常常会看到的业务上东一榔头西一棒子，在对市场环境都不甚了解、不做认真调研的情况下就"蒙着头"往前冲，甚至有些企业家完全是抱着"脚踏西瓜皮，滑到哪儿算哪儿"的心态。诚然，在市场环境好的时候，哪怕没有战略，哪怕"傻大胆"，照样能赚到钱，但时至今日，这种"粗放式"的做法正在被竞争慢慢出清。

值得肯定的是，每一个经历过大风大浪的企业家，对"危险"都有着非常敏锐的嗅觉，很多企业家已经意识到了"竞争越来越残酷"，为了巩固自己的经营成果或更上一层楼，不少企业都纷纷开始通过制定企业战略来强化自身的力量。

制定企业战略的做法本身没有错，同时企业家们随着具体实践，渐渐发现了一个令人沮丧的事实：企业战略总是无法落地。尽管很多企业，战略无法落地的具体原因并不相同，但结果却往往是相似的。

"一流的点子，三流的执行，只会造就三流的企业；三流的点子，一流的执行，却能够成就一流的企业。"哪怕是再高明、再缜密、再量身打造的战略，没有相应的执行力，不能落地，也等于零。所以说，企业战略落地是比战略内容本身更重要、更关键的所在。

虽然很多中小型的企业在从战略到执行的过程中，不需要非常完整地执行本书所描绘的七大步骤，但是企业不能管中窥豹，片面地思考，必须要拥有上帝视角，要想真正让企业战略发挥作用，我们必须弄清企业战略从制定到落地中间究竟有哪些"陷阱"，哪些步骤，只有清楚了企业战略无法落地的原因，我们才能有的放矢，才能有效规避"歧途"，带领企业走上一条正确的战略执行之路。

一般来说，企业战略总是无法落地的常见原因主要有以下几种。

1. 战略分散、无定位

"成为行业中的No.1""敲钟上市""进入全国企业500强"……不少企

业家会用诸如此类的话语来表达企业的战略目标。这些话语确实能够让企业全员"鸡血满满",但企业愿景或目标和战略混合在一起,这种分散的、无聚焦战略的做法,只会把企业有限的执行力量分散化、粉尘化,从而导致战略落地的失败。有些企业家,还会把自己个人的价值观、企业文化内核的价值观或企业使命等,和战略融合到一起。集中力量才能办大事,分散的战略又如何能高效地执行和落地呢?

企业需要抽象地抓住各个利益相关者最本质的诉求:企业使命是企业存在的根本目的和理由,它明确了企业为谁服务以及提供何种价值。例如苹果公司的使命是"致力于为全球用户提供卓越的个人计算产品和创新的数字生活体验"。苹果通过不断推出创新的电子产品,如 iPhone、iPad 和 Mac 等,满足用户对科技产品的需求,提升人们的生活品质。

企业愿景是企业对未来的展望和理想状态,它描绘了企业期望达到的长期目标。苹果公司的愿景是"让每人拥有一台计算机",随着时代发展,这个愿景也在不断拓展,变为致力于打造极致的智能设备和服务生态,引领全球科技潮流。

企业战略是为实现企业使命和愿景而采取的具体行动方案和决策。苹果公司的战略包括持续的技术创新、卓越的设计、强大的品牌营销以及构建封闭的生态系统等。通过不断投入研发,推出具有创新性的产品设计和功能,同时利用品牌影响力吸引消费者,并通过 App Store 等平台构建起庞大的生态系统,增强用户黏性,提升市场竞争力。

即企业战略是设立远景目标并对实现目标的轨迹进行的总体性、指导性谋划。比如竞争战略、营销战略、发展战略、融资战略、人才开发战略、技术创新战略、品牌战略等;企业战略目标应该是具体、可衡量,并具有时限性,最好是一个单一的目标。而战略需要转换成企业中短期经营目标,即未来 3~5 年推动公司业务经营的可量化的明确目标;企业家必须厘清思路,分清主次矛盾,把有限的力量聚焦到一个或几个重点战略领域,才能取得较好的执行效果。

企业需要将远景、使命聚焦到战略以及中短期的经营目标上。

2. 未倾听客户价值主张

在企业实际经营中，企业家们在确定战略定位时，往往会按照"我想做什么"的思维来指导战略的定位，从而出现"老板想干什么，战略定位就是什么"的现象。在战略定位上，任何一个企业都不缺乏内部声音，但往往会忽视了客户的价值主张和市场的实际情况，一个脱离了客户和市场的战略，在执行的过程中不仅不会产生正面作用，反而会引发一系列负面效应，自然会在执行过程中"不了了之"。

在确定战略定位时，只考虑"我想做什么"除了能够充分练习想象力外，并没有太大实际执行意义。科学的战略定位是由四个交集组成的："我想做什么"，这是基于企业家愿力的方向性旗帜；"我能做什么"，这是基于现实能力方面的条件；"我为谁做什么"，这是基于客户价值主张和市场需求的关键点；"我有机会做什么"，这是对企业所处整体环境的一个判断。四者结合起来，综合考虑，科学决策，才能真正找准企业的战略定位。

需要注意的是，战略定位并不是单一维度的，而是包括客户、产品、地域、价值链等多个维度。战略定位是企业活动范围的边界线，在确定企业战略定位时，企业家要经过充分的深思熟虑客户多维度的价值主张后再选择。

3. 有战略无解码，缺乏制度支撑

在一些企业中，战略只停留在"老板讲话""员工大会"等场合，尽管老板、各级管理者都在不同的场合反反复复"讲战略""讲战略执行"，但没有相应制度的支撑，没有具体的工作指标落到每一个人的头上，没有与之相配套的考核奖惩措施，即便老板"磨破嘴皮子"，也无法推动战略执行和落地。

不要让战略成为"面子工程""形式主义"，任何一个看似轻飘飘的战略背后，都必须要有深入整个企业、各个部门、全体员工的"系统性根系"，唯有把战略与每一个人通过制度的方式紧密捆绑起来，大家才会产生战略的执行力。这就好像挖下水道，只挖个半米深盖一个下水道井盖，尽管看起来没什么问题，但实际上水是排不出去的，必须让下水道和地下网状的排水管道连接起来，才能真正发挥作用，战略的制度化也是如此。也就是说，要想让企业战略落地，在员工薪酬、绩效考核、提拔机制、招聘、内部工作流程等方面都要作出相应的调整，否则必然是难以成功的。有效的执行背后，必然是一个完整的管理闭环，只有战略指标分配，没有相应考核、奖惩的制度，自然会"虎头蛇尾"。

4. 企业组织缺乏力量

战略的落地，最终依靠的是人的力量，人是决定战略能否顺利执行落地的最根本、最重要因素。有些企业，战略很清晰，制度上也很给力，但最终战略还是无法落地，这种情况多半都是由于企业组织缺乏力量，一个组织能力不足、人力资源体系无法匹配承接的企业，在战略执行中遭遇巨大阻力是再正常不过的事情了。

体现在企业的管理上：一是人员方面的问题，比如团队和人员的能力不匹配，人员工作缺乏积极性、主动性、创新性，员工流失率过高等；二是企业文化上的问题，随着时代的变化，新一代职场人的观念、思维出现了很大变化，"团建""年会"的特别节目，"聚餐酒桌文化"甚至成了"人人喊打""无法忍受"的事，因此选择离职的人有相当一批，还有些人尽管没离职，但也是消极应对。实际上企业文化上的问题，最后还是会体现到人的问题上，人心不齐、内部声音不统一、人员不足、人员能力水平不足等都会导致企业组织缺乏力量。一个"虚弱"的企业，无法干成战略落地这样的大事，是一个必然结果。

画出从战略到执行的清晰路径图

在企业的实际经营活动中，从战略到执行是一件事关企业生存、发展的大事，同时也意味着"风险"。对于绝大多数中小企业，甚至规上企业来说，还没有形成一条清晰的战略执行地图，就像孤身在沙漠中没有指南针和地图的人，仅凭直觉、经验等是很难快速走出沙漠的。

如果想让制定好的企业战略，能够快速准确地执行落地，那么企业家就必须先画出一条从战略到执行的清晰路径图。

一、从思维逻辑的角度来看

从思维逻辑的角度来看需要从三个方面厘清路径。我们来看一个古老的哲学思维模型："道法术"。道法术出自老子《道德经》，道，是规则、方向法则，上乘。法，是方法、路径，中乘。术，是行为、方式，下乘。"以道御术"即以道义来承载智术，悟道比修炼法术更高一等。"术"要符合"法"，"法"要基于"道"，道法术三者兼备才能做出最好的策略。

我们用现在的语言进行解读（见图0-1）：

道：方向，明确企业战略方向。

法：路径，寻求战略到成功的路径地图。

术：执行，在战略达成的过程中采用何种执行的行为。

图0-1 "道法术"模型

企业经营亦如此，道："道以明向。"法："法以立本。"术："术以立策。"有鉴于此，在从战略到执行的过程中，也可遵循此思维模型

（一）道：方向

这里说的方向，是指明确企业的战略方向。所谓"战略方向"，即企业制定战略方案和战略决策的指导方向。在现实商业领域，因没有把握好"方向"而导致失败的企业比比皆是。

比如曾经辉煌一时如今已消失在大众生活中的柯达胶卷，20世纪末，柯达已经面临来自数码成像技术对传统成像技术的冲击，早在1998年，柯达

就开始深感传统胶卷业务的萎缩之痛，然而柯达的高层决策者们，因为担心胶卷销量会受到影响，一直不敢大刀阔斧地进行业务改革，没有大力发展数字业务，这个发明第一台数码相机的企业，最终因为战略方向失误而陨落。

许多企业家缺乏对战略方向的认知，常常会无意识地把产业发展方向、技术发展方向等同于企业的战略方向，实际上这是非常危险的。如今不少行业都出现了同质化，利润越来越薄，营销越来越难，不少企业因此而被裹挟到价格战之中，实际上这种现象与企业战略方向是密切相关的，当行业内的绝大多数企业家都把产业方向作为自己的战略方向，产品或服务的同质化是一种必然，唯有加深对战略方向的认知，明确自己特定的战略方向，才能更好地避开同质化竞争的红海。

对于高新技术企业来说，把技术方向等同于企业战略方向，是非常危险的事情，著名的手机品牌诺基亚就是一个比较典型的例子。当绝大多数手机厂商都转向安卓平台时，坐拥全球手机老大位置的诺基亚，不甘做跟随者，选择与英特尔合作从零开始做 MeeGo，后又放弃，把重点放到了 Windows Phone，又是一轮从零开始。技术方向与企业战略方向的等同，在诺基亚的大溃败中是一个非常关键的因素。

总的来说，企业的战略方向主要有五大选择。

1. 市场渗透战略

市场渗透战略即企业利用现有产品，在现有市场上争取更多的市场份额。例如，企业可以通过加大营销投入、优化产品服务、降低价格等方式，吸引更多现有客户购买产品或吸引竞争对手的客户转而购买本企业产品。比如可口可乐公司不断在全球各地进行广告宣传和促销活动，以提高其在碳酸饮料市场的渗透率。

2. 市场开发战略

市场开发战略即企业将现有产品推向新的市场。新市场可以是地理上的新区域，也可以是新的客户群体。例如华为公司在国内市场取得成功后，积极拓展海外市场，将其先进的通信设备和智能手机推向全球多个国家和地区。

3. 产品开发战略

产品开发战略即企业通过开发新产品来满足现有市场的需求。这需要企业投入研发资源，进行技术创新和产品设计。例如，苹果公司不断推出新款iPhone、iPad等产品，以满足消费者对高性能、时尚科技产品的需求，同时巩固其在高端消费电子市场的地位。

4. 多元化战略

多元化战略分为相关多元化和不相关多元化。相关多元化是指企业进入与现有业务在技术、市场等方面有一定关联性的新业务领域。例如，汽车制造商进入汽车零部件生产领域。不相关多元化则是企业进入与现有业务完全不同的领域。比如，一家食品企业投资房地产行业。

5. 一体化战略

一体化战略包括前向一体化、后向一体化和横向一体化。前向一体化是企业向产业链下游延伸，例如制造商建立自己的销售渠道。后向一体化是企业向产业链上游延伸，如汽车制造商收购零部件供应商。横向一体化是企业收购或合并同行业的其他企业，以扩大规模和市场份额。例如，某大型零售企业并购其他竞争对手，实现快速扩张。

（二）法：路径

有了明确的战略方向后，我们必须努力寻求战略到成功的路径地图。企业战略的本质是划定企业经营活动的范围和边界，明确"做什么""不做什么"，画出企业战略的路径地图并不困难，具体来说，主要有以下三大步骤。

第一，澄清战略地图，简单说也就是明确企业现有业务情况，战略目标中的理想业务情况。这并不复杂，但在实际操作过程中，企业家容易因为自己的主观认知而导致结果出现偏差。

第二，战略地图牵引，我们想实现战略目标，那么企业必须有"驱动力"，企业家要把能够牵引企业"动"起来的"引擎"明确出来，是靠"技术创新驱动""管理提质增效驱动""融资收购扩大规模驱动"还是"品牌战略走高端路线"来驱动,唯有充足的"驱动力"才能让企业朝着既定的方向不断行动、前进。

第三,战略地图贯穿,简单来说就是"实践",战略地图绘就,驱动力到位,那么接下来就是"一步一个脚印"地去做、去走、去尝试,尽管这个过程并不是一帆风顺的,总是会遇到困难、挫折、陷阱,但只有把战略地图上的一个个地点贯穿,才能彰显战略地图的价值,才能让企业在风雨中获得成长。

(三)术:执行

执行,简单来说,就是在战略达成的过程中具备何种执行的能力。一个高明的企业家,一定是善于利用各种管理工具的人,在战略达成的过程中,仅靠一腔热血,没有行之有效的执行能力,注定会碰得头破血流。精益六西格玛、商业模式画布、品质关键点(CTQ)、平衡计分卡(BSC)……这些汇集前人智慧、经过无数企业实践验证的管理工具,可以帮助企业大大提升管理效率、执行效率。然而企业战略执行不仅依靠这些工具,还需要企业实现战略的具体计划、行动和控制。即包括战略的澄清、沟通、分解、计划拟订、资源分配、合理预算、结构调整、信息系统、运营系统、业绩管理、薪酬激励、企业文化与战略调整等全过程,任何一个环节出现问题,都将无法有效执行。

二、从企业经营运作流程的角度来看

从企业经营运作流程的角度来看也需要从三个方面厘清路径。要解决战略失败问题,就应该把公司看成一条奔腾的河流,层层决策如瀑布一般逐级从高处落到低处,战略与落地执行之间,就存在这样一条"瀑布",即战略解码。很多企业花费了很多的精力和金钱在战略规划与设计上,但战略解码却被忽视或者很简单地一带而过。其实,战略解码的方法论与工具,才是战略管理的关键和精髓所在,才是战略得以落地执行的关键。我们概括来说:

定位:定位企业的关键成功因素(见图0-2)。

解码：通过可视化的方式，将晦涩、宏观的战略规划解读成人人可懂的工作规划。

执行：打造有效的组织能力，把写在纸面的工作规划转化为有效的生产力。

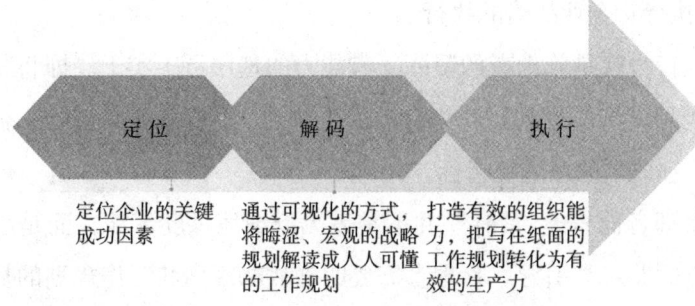

图0-2　从战略定位到执行落地流程图

（一）定位：定位关键成功因素

企业战略、方向、信息、内外等非常庞杂，如何定位企业的关键成功因素是摆在每一个企业管理者面前的关键问题。每个企业的实际情况是不同的，所拥有的优势也不同，保证企业战略成功执行的一个关键就是把企业有限的优势和成功因素聚焦到核心战略上来。同时同步推进竞争战略、产品战略、营销战略、发展战略等多个战略的执行，对于绝大多数企业来说都是非常不可取的，俗话说"好钢用在刀刃上"，企业推进从战略定位到执行也是如此。

（二）解码：做好战略解码工作

所谓战略解码，就是将晦涩、宏观的战略规划解读成人人可懂的工作规划，战略解码工作就是通过可视化的方式，将企业的战略转化为全体员工可理解、可执行的行为。

战略解码工作是必不可少的，这事关企业的战略目标与员工个人目标的联结统一，事关企业搭建高效执行流程，事关员工士气，事关股东对企业的满意度，事关客户的直观感受是不是愉快。做好战略解码工作，可以将企业内部的声音和力量都统一到一个目标上来，可以让企业集中力量朝着一个明确方向去突破。不作战略解码，那么战略就只是停留在各类会议上、文件上的"装饰品"，唯有通过对企业战略进行分析、分解，才能把企业层面的战略拆解到每一个部分、每一个员工身上，从而通过个人KPI来拉动战略的执行和落地。

（三）执行：企业战略的执行

好的执行力就是管理者的紧盯 + 有能力的基层员工实干。即将写在纸面上的战略规划、工作规划转化为有效的生产力，这也是最终检验。企业从战略到执行管理成果的最重要指标。

对于管理者而言，"紧盯"并不是事无巨细地过度干涉，而是一种有方向、有重点的监督与引导。管理者需要明确战略规划和工作规划的目标与关键节点，通过定期检查、及时反馈和合理调整，确保基层员工始终朝着正确的方向前进。他们要关注执行过程中的问题与风险，及时提供支持和资源，激励员工发挥最大的潜力。

基层员工的"实干"则是执行力的具体体现。他们需要将战略规划转化为实际行动，以高度的责任心和敬业精神投入工作中。实干意味着脚踏实地、认真负责地完成每一项任务，注重细节和质量，不断追求卓越。基层员工要积极主动地解决问题，勇于创新和尝试，为实现企业目标贡献自己的力量。

将战略规划转化为有效的生产力，是企业执行力的核心目标。这需要企业建立科学的管理体系和流程，明确各部门和岗位的职责与分工，加强沟通与协作。同时，企业要注重培养员工的执行力文化，通过培训、激励和考核等手段，提高员工的执行意识和能力。

柳传志说执行力：不要以为召开会议或进行培训了，问题就解决了；不要以为规章制度或文件下发了，流程就理顺了；不要以为亲自沟通或安排了，执行就到位了；不要以为看到问题、提出问题就完事了，知道不等于做到！没有执行力，就没有竞争力。

最终，执行力成为检验企业从战略到执行管理成果的最重要指标。只有具备强大的执行力,企业才能将战略规划变为现实,实现可持续发展。一个拥有良好执行力的企业,能够在激烈的市场竞争中脱颖而出,不断创造价值,赢得客户的信任和市场的认可。

从战略定位到执行落地的七大步骤

不论从思维逻辑的角度,还是从经营运作流程的角度来看,从定位到执行的维度并不是孤立的,而是相互联系、相互影响,企业管理者在借助这七个步骤来绘制企业战略定位到执行落地的路径图(见图0-3)。

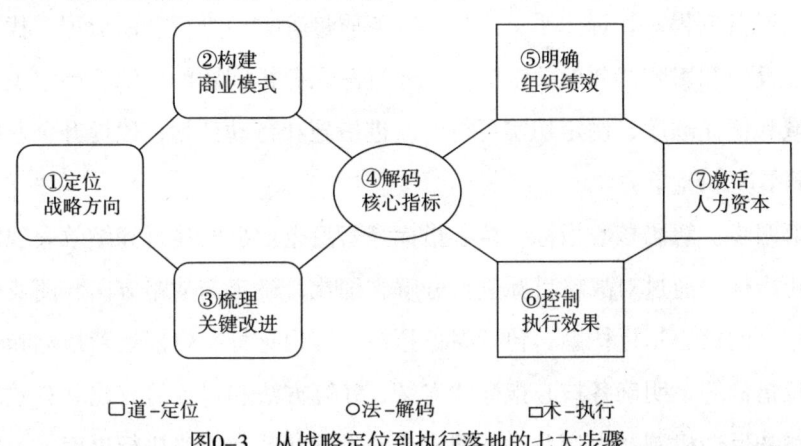

图0-3 从战略定位到执行落地的七大步骤

世间万事万物都有其运行的基本规律,企业战略的执行和落地也不例外,掌握企业战略解码到执行落地的基本规律,可以帮助我们更好地处理企业在此过程中遇到的各种问题,从而提高管理效率,加快战略执行的速度,有效降低战略执行落地的阻力。

总的来说,结合道、法、术,定位、解码、执行两大思维的维度,从战略解码到执行落地,主要有七大步骤。

第一步:定位战略方向。战略方向的确立是企业发展的基石,它需要对宏观环境、行业趋势、市场需求以及自身资源与能力进行深入分析和洞察。通过综合评估内外部因素,明确企业的长期目标和发展愿景,确定核心业务领域和竞争定位,将企业的资源和精力集中于具有高潜力和战略价值的方向上，以实现可持续的竞争优势。

第二步：构建商业模式。商业模式是企业创造价值、传递价值和获取价值的核心逻辑。它涵盖了价值主张、目标客户群体、产品或服务、渠道通路、客户关系、收入来源和成本结构等关键要素。构建商业模式需要深入理解客户需求和痛点，设计出具有创新性和竞争力的价值主张，选择合适的渠道和客户关系策略，优化收入来源和成本结构，以确保企业在市场中实现盈利和可持续发展。

第三步：梳理关键改进。在明确战略方向和构建商业模式的基础上，对企业的运营流程、管理体系、产品或服务质量等方面进行全面梳理，找出制约企业发展和影响绩效的关键问题。通过深入分析问题的根源，确定关键改进领域和优先顺序，制定切实可行的改进措施和行动计划，以提升企业的整体运营效率和竞争力。

第四步：解码核心指标。核心指标是衡量企业战略执行和绩效表现的关键量化指标。通过对战略目标进行分解和细化，确定与战略方向和商业模式紧密相关的核心指标体系，包括财务指标、客户指标、内部运营指标和学习与成长指标等。明确各核心指标的定义、计算方法和目标值，建立有效的指标监测和反馈机制，以便及时掌握企业的运营状况和战略执行进度，为决策提供准确的数据支持。

第五步：明确组织绩效。组织绩效是企业整体目标的实现程度和运营效果的综合体现。根据战略目标和核心指标，制定明确的组织绩效目标和考核体系，将绩效目标层层分解到各个部门和岗位，确保每个员工都清楚自己的工作目标和绩效要求。建立科学合理的绩效评估机制，定期对组织绩效进行评估和反馈，激励员工积极为实现组织目标而努力工作。

第六步：控制执行效果。执行效果的控制是确保战略目标得以实现的重要保障。建立有效的执行监控体系，对战略执行的进度、质量和效果进行实时跟踪和评估。及时发现执行过程中的问题和偏差，采取有效的纠正措施和调整策略，确保战略执行始终保持在正确的轨道上。加强沟通与协调，确保各部门之间的协作顺畅，共同推动战略目标的实现。

第七步：激活人力资本。人力资本是企业最宝贵的资源，激活人力资本是提升企业核心竞争力的关键。通过建立科学的人才选拔、培养、激励和发展机制，吸引和留住优秀人才，激发员工的工作热情和创造力。提供良好的职业发展机会和平台，鼓励员工不断学习和成长，提升员工的专业技能和综合素质。营造积极向上的企业文化氛围，增强员工的归属感和忠诚度，为企业的发展提供强大的人才支撑。

以上七大步骤，从战略定位到执行落地是资源配置的优先次序，是有谋而动的整体策略，我们可以通过这三个方面，共七个步骤，结合企业自身实际情况，来集中火力、饱和攻击，突破壁垒、带动全局。

第二部分　定位

　　战略不仅是选择做什么,更是选择不做什么。只有明确取舍,方能在复杂的局势中找准方向,稳步前行。

第一步　定位战略方向：战略思路决定企业出路

明确企业战略定位的价值

网易公司创始人丁磊说："在人生的每一个关键时刻，你必须审慎地运用你的智慧，有所选择，有所放弃，做最正确的判断，选择属于你的正确方向。"实际上，这不仅仅是商业决策的黄金法则，在企业战略方面同样如此。

太阳的能量很强大，但即便是无比炽热的阳光，也无法穿透一张纸；当我们拿出凸透镜，让阳光在凸透镜的作用下聚焦，就可以快速点燃一根火柴；一束激光可以轻松穿透一块钢板……这就是聚焦的作用。

战略思路决定企业出路，对于一家企业来说，战略定位是关系经营成败的重中之重。

企业战略定位具有重大价值，主要体现在以下几个方面。

1. 提升资源利用效率

企业的资源往往是有限的，包括资金、人力、时间等。当企业进行战略定位时，能够将这些资源集中投入特定的目标领域。例如，一家专注于新能源汽车电池研发的企业，会把大部分研发资金、优秀的科研人才以及管理精力都投入电池技术的提升上。这样可以避免资源的分散浪费，确保每一份资源都能发挥最大的效用，从而提高资源的利用效率，加快产品或服务的创新与优化速度。

2. 增强核心竞争力

通过战略定位，企业能够深入挖掘和发展自身的核心优势。以苹果公司为例，其聚焦于高端电子产品的设计、用户体验和品牌建设。长期的聚焦使得苹果在这些方面积累了深厚的技术、经验和品牌声誉，形成了强大的核心竞争力。这种核心竞争力难以被竞争对手轻易模仿和超越，为企业在市场中赢得了持续的竞争优势，确保企业在激烈的市场竞争中立于不败之地。

3. 提高市场辨识度

当企业明确战略定位后，其在特定领域的产品或服务会更加专业、独特。这有助于企业在消费者心中树立清晰的品牌形象，提高市场辨识度。比如，消费者一提到运动品牌耐克，就会联想到高品质的运动鞋和运动服装，以及其代表的运动精神。这种明确的品牌认知使得企业在市场推广中更加高效，能够吸引目标客户群体，增加市场份额。

4. 降低决策复杂性

企业在发展过程中面临着众多的决策选择。如果没有明确的战略定位，决策会变得复杂且难以抉择，容易导致企业迷失方向。而有了战略定位，企业的决策就有了明确的方向和标准。无论是产品研发方向、市场拓展策略还是人才招聘，都可以围绕着聚焦的战略目标进行。这大大降低了决策的复杂性，提高了决策的准确性和及时性，有利于企业快速响应市场变化，抓住机遇。

在成功关键因素和选定的战略生长点上，以超过主要竞争对手的强度配置资源，要么不做，要做，就极大地集中人力、物力和财力，实现重点突破。这是华为任正非的战略思路。

《华为基本法》第二十三条：我们坚持"压强原则"，在成功关键因素和选定的战略生长点上，以超过主要竞争对手的强度配置资源，要么不做，要做，就极大地集中人力、物力和财力，实现重点突破。在资源的分配上，应努力消除资源合理配置与有效利用的障碍。

我们来看近年发展迅猛的瑞幸咖啡在企业战略定位方面的表现。

1. 目标市场聚焦

（1）明确的消费群体定位：瑞幸将目标市场锁定为年轻、时尚的都市白领群体以及大学生群体。这一群体受社交媒体和快节奏生活方式的影响较大，对咖啡的需求不仅在于提神，更在于社交和享受便捷的消费体验。瑞幸通过深入了解这部分群体的需求和消费习惯，为其提供了符合他们生活节奏和消费能力的咖啡产品。例如，瑞幸的门店大多开设在商业区、写字楼附近或大学校园周边，方便目标客户群体购买。

（2）价格定位精准：瑞幸以平价咖啡为定位，主打 15~25 元/杯的价格区间，近年更是以发放优惠券的形式低至 9.9 元/杯，与星巴克等传统高端咖啡品牌形成差异化竞争。这一定价策略既满足了目标客户群体对高品质咖啡的需求，又不会让他们感到价格过高，从而吸引了大量价格敏感型消费者，迅速扩大了市场份额。

2. 产品策略聚焦

（1）咖啡饮品化创新：瑞幸针对中国消费者的口味偏好，对咖啡产品进行了创新改良，将咖啡"奶茶化"，推出了一系列以咖啡为基底，添加各种乳制调味品的特色饮品，如厚乳拿铁、生椰拿铁等。这些产品去除了传统咖啡的苦涩口感，更符合中国消费者的口味，成功地将原本小众的咖啡产品推广给了更广泛的消费群体。

（2）持续的产品推新：瑞幸保持着较高的产品创新频率，不断推出新的口味和系列产品，以满足消费者不断变化的需求和口味偏好。例如，每个季度都会推出多款限定饮品，通过不断刺激消费者的新鲜感，提高客户的购买频率和忠诚度。

3. 营销策略聚焦

（1）线上线下融合：瑞幸注重线上线下相结合的营销模式。通过自有 App，消费者可以在线上下单购买咖啡，享受外卖服务或到店自提。同时，瑞幸通过 App 会员积分等方式增强用户黏性，提高消费者的复购率。线下门店则作为品牌展示和体验的重要场所，为消费者提供优质的产品和服务。

（2）联名营销：瑞幸频繁与各类热门影视、动漫、游戏等 IP 展开合作，推出联名款产品和周边。这种联名营销活动不仅能够吸引 IP 粉丝的关注，扩大品牌的影响力，还为消费者带来了独特的消费体验，增加了品牌的话题度和传播性。

4. 门店扩张聚焦

（1）规模扩张战略：瑞幸一直致力于快速扩张门店数量，以提高品牌的市场覆盖率和影响力。截至 2024 年 7 月，瑞幸的门店总数已接近 2 万家，成为中国市场门店数量最多的咖啡品牌。通过大规模的门店布局，瑞幸能够更好地满足消费者的需求，提高品牌的知名度和认知度。

（2）多元化门店类型：除了传统的直营门店外，瑞幸还积极发展加盟门店和无人咖啡机业务。加盟模式有助于瑞幸借助社会资源快速拓展下沉市场，无人咖啡机则可以在一些特定场景下提供更加便捷的咖啡购买服务，进一步扩大了品牌的销售渠道和消费场景。

尽管战略选择无比艰难，但值得庆幸的是，"战略定位"原则是一条绝不会出错的路，可以很好地为我们指引方向。做战略选择，本质上是一个分配资源的过程，在商业领域，能够赚钱的行业很多、生意很多，企业要发展，不能什么都做，但更不能什么都不做，明确做什么、不做什么是事关企业生死存亡、关乎企业战略合理与否的关键。

做好企业的战略方向规划

一个成功企业的战略方向，从来不是靠"拍脑袋"想出来的，也不是"追热点"追出来的，离开了企业的外部环境和自身条件做战略方向规划，结果往往会和预期的南辕北辙。那么，如何才能做好企业的战略方向规划呢？

一、明确企业的愿景、使命、价值观

不少中小企业的掌舵人往往有这样的认知："小公司哪有什么愿景"，认为"愿景、使命、价值观"只有等企业达到一定规模后才有必要树立，才能产生相应的价值。不管企业规模大小，没有愿景是不对的。古人云：凡事预则立，不预则废。对于个人如此，对于企业也不例外，一个没有目标和发展

方向的企业，面对复杂多变的市场，又该何去何从？

创业初心、对企业未来的畅想等，实际上都属于企业愿景的一部分，我们可以通过这两方面来明确愿景。使命，即为什么人、解决什么问题，通过对企业提供产品或服务的深入挖掘，找到企业的使命并不困难。企业的价值观也是至关重要的，这直接关系着在发展的过程中，能否吸引匹配到更合适的人才和合作伙伴，一般来说企业价值观往往是由企业家价值观延伸出来的，带有比较浓厚的企业家个人特色。

需要注意的是，一个企业要想获得长久、健康的发展，其愿景、使命、价值观必须是正确的，与社会主流意识相背离的企业，注定会被大众抛弃。

愿景：为企业描绘了一幅长期的、令人向往的未来蓝图。它像是一座远方的灯塔，为企业的航行提供了方向。一个清晰而富有吸引力的愿景能够激发员工的激情和创造力，让他们为了共同的目标而努力奋斗。当员工们明白企业的未来愿景是什么，他们就能更好地理解自己的工作意义和价值，从而更加投入地工作。

使命：明确了企业存在的原因和价值。它回答了企业为什么要做现在正在做的事情，以及企业对社会、对客户、对员工等利益相关者的责任和承诺。使命能够让企业在众多选择面前保持定力，确保企业的行为始终与核心目标一致。

价值观：是企业的行为准则和道德规范。它塑造了企业的文化和形象，影响着员工的思维方式和行为习惯。正确的价值观能够吸引志同道合的人才，促进团队合作，增强企业的凝聚力和向心力。同时，价值观还能帮助企业在面对道德困境和决策时做出正确的选择，维护企业的声誉和形象。

二、明确企业的愿景、使命、价值观可以遵循以下步骤

自我评估：企业需要对自身的现状、优势、劣势、机会和威胁进行全面的分析。了解企业的历史、文化、业务模式、市场地位等，为后续的规划提供基础。

利益相关者调研：与客户、员工、股东、合作伙伴等利益相关者进行沟

通和调研，了解他们对企业的期望和需求。这有助于企业从不同角度审视自身，发现潜在的机会和挑战。

头脑风暴：组织团队成员进行头脑风暴，鼓励大家畅所欲言，提出各种关于企业未来发展的想法和建议。在这个过程中，可以激发创意，拓宽思路。

提炼归纳：对头脑风暴中产生的想法进行整理和归纳，提取出其中的核心要素和主题。通过不断地筛选和提炼，逐渐形成企业的愿景、使命、价值观的初稿。

征求意见：将初稿分发给企业内部各个部门和层级的员工，征求他们的意见和建议。同时，也可以邀请外部专家、顾问等提供专业的反馈。

修订完善：根据收集到的意见和建议，对初稿进行修订和完善。确保愿景、使命、价值观既符合企业的实际情况，又具有前瞻性和激励性。

发布宣贯：正式确定企业的愿景、使命、价值观后，要通过各种渠道进行发布和宣贯。让员工、客户、合作伙伴等都了解企业的核心理念，增强他们对企业的认同感和归属感。

让我们通过一个实际案例来进一步理解如何明确企业的愿景、使命、价值观。

某企业是一家成立于2014年的医疗器械企业。在经过多年的发展后，企业面临着市场竞争加剧、业务转型等挑战。为了适应新的形势，企业决定重新明确其愿景、使命、价值观。

首先，企业进行了全面的自我评估，包括对现有业务的分析、市场趋势的研究、竞争对手的对比等。通过SWOT分析，企业发现自身在技术研发、客户服务等方面具有一定的优势，但在市场拓展、品牌建设等方面存在不足。

接着，企业开展了广泛的利益相关者调研。通过与员工的座谈、客户的访谈、合作伙伴的沟通等，了解到大家对企业的期望主要集中在提供更优质的产品和服务、加强创新能力、承担更多社会责任等方面。企业组织了多次头脑风暴会议。在会议上，员工们积极发言，提出了许多富有创意的想法和建议。经过整理和归纳，初步形成了企业的愿景、使命、价值观的草案。企业将草案分发给全体员工，征求他们的意见和建议。同时，还邀请了外部专家进行评审。根据反馈意见，对草案进行了进一步的修订和完善。最终，企业正式确定了其愿景、使命、价值观。

愿景：成为全球领先的医疗器械解决方案提供商，为客户创造卓越价值，推动行业发展。

使命：通过持续创新和优质服务，满足客户需求，提升客户满意度，为社会创造美好生活。

价值观：创新、卓越、合作、责任。

在明确了愿景、使命、价值观后，企业开展了一系列的宣贯活动，包括组织培训、制作宣传海报、开展主题活动等。通过这些活动，让员工深刻理解和认同企业的核心理念，并将其贯彻到日常工作中。

企业的愿景、使命、价值观对于企业的发展意义重大。愿景提供方向感，激励员工，吸引资源并促进创新，它指明企业长期追求的目标。使命明确企业存在意义，建立客户信任，引导决策和塑造形象，阐述企业在社会与市场中的角色责任。价值观凝聚团队，规范行为，传承文化，应对挑战并建立品牌个性，作为共同行为准则和判断标准。它们共同作用，为企业发展提供指引和内在力量。愿景让员工有奋斗目标，使命使企业决策有依据，价值观确保行为合规且独特。三者相辅相成，是企业成功的关键要素，能提升竞争力，促进企业持续健康发展。

三、市场洞察：分析企业所处的竞争环境

找准企业在市场中的坐标，才能更好地作出"去往何处"的战略方向决策。借助市场洞察，分析企业所处的竞争环境，是找准企业坐标的好方法。

可以从外部环境与内部因素两个方面来洞察企业面对的情况。

（一）外部环境分析

在当今竞争激烈的商业世界中，企业要想取得长期的成功和持续的发

展,战略规划是至关重要的环节。而宏观环境分析作为战略规划的基础,能帮助企业更好地理解其所处的外部环境,从而做出明智的决策。

企业的外部环境分析主要包括五大部分(见图1-1)。

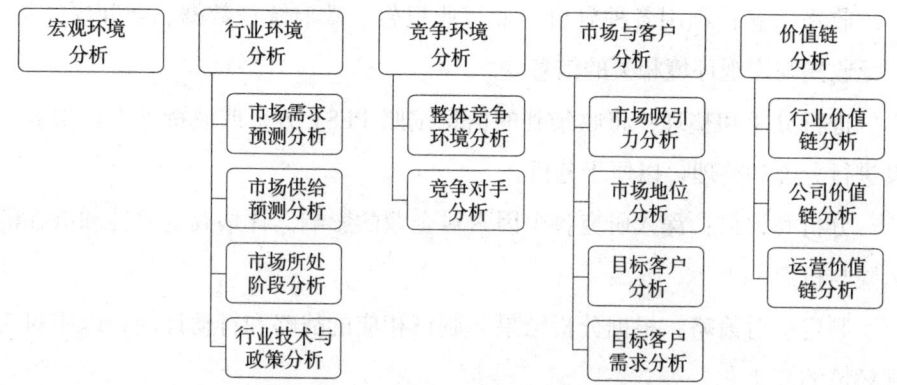

图1-1 企业的外部环境分析五大部分

1.宏观环境分析

未来整体经济发展形势、国家大政方针、人口结构情况、居民消费特点、大众的思想观念等都属于宏观环境,会间接对企业的发展产生一定影响,比如目前我国新生人口不断缩减,意味着未来婴幼儿产品的整体市场呈现萎缩态势,对婴幼儿产品生产企业不利好。宏观环境并不是哪一个企业可以改变的,顺势而为远远要比逆势而为要明智很多。

(1)常用的宏观环境分析的工具方法。

PEST分析:这是一种常用的分析框架,通过政治(Political)、经济(Economic)、社会(Social)和技术(Technological)四个方面来评估宏观环境对企业的影响。例如,政治因素可能包括政策法规的变化、政府的稳定性等;经济因素涵盖经济增长、利率、汇率等;社会因素涉及人口结构、文化价值观等;技术因素则包括新技术的出现、创新速度等。

波特五力模型:用于分析行业的竞争态势。它包括供应商的议价能力、购买者的议价能力、潜在竞争者进入的能力、替代品的替代能力以及行业内竞争者现在的竞争能力。通过对这些力量的分析,企业可以了解行业的竞争强度和潜在机会。

（2）宏观环境分析的步骤。

确定分析的范围和目标：明确企业需要关注的宏观环境领域以及期望通过分析达到的目标。

收集信息：利用各种渠道，如行业报告、政府统计数据、新闻媒体等，广泛收集与宏观环境相关的信息。

进行分类和整理：将收集到的信息按照PEST分析或波特五力模型等工具进行分类和整理，以便于分析。

分析和评估：深入研究各个因素对企业的影响，评估其重要性和潜在的风险与机遇。

制定应对策略：根据分析结果，制订相应的战略和行动计划，以应对宏观环境的变化。

例如，一家科技企业在进行宏观环境分析时，发现政治环境中对数据安全和隐私保护的法规日益严格。这可能对企业的数据处理和存储方式产生影响，企业需要及时调整策略，加强数据安全措施，以满足法规要求。在经济方面，若经济增长放缓，消费者购买力下降，企业可能需要优化产品结构，推出更具性价比的产品。社会因素中，人口老龄化趋势可能带来对特定类型产品或服务的需求增加，企业可以抓住这个机会进行市场拓展。而在技术领域，新兴技术的崛起可能改变行业竞争格局，企业需要密切关注并适时投入研发，保持技术领先地位。

表1-1 宏观环境分析（PESTEL）范例

影响因素	影响内容	怎样影响	影响利弊	影响程度									
				1	2	3	4	5	6	7	8	9	10
政治	国家房地产调控政策	影响销售	不利				●						
	产品市场准入机制	影响销售	不利								●		
	主流市场对××××强制性安装政策	促进销售	有利				●						
经济	人均收入不断提高	促进销售	有利					●					
	××××行业发展迅速	增加公司销售	有利								●		
	制造成本上涨	利润变少	不利						●				
科学技术	××××技术的普及	促进市场需求	有利					●					
	自动化生产的普及	影响成本	有利				●						
	嵌入式技术和云+端技术的模式	降低竞争力	不利					●					
社会文化	人口老龄化	增加市场需求	有利						●				
	消费者对××××产品的接受程度	增加市场容量	有利								●		
	消费者安全意识增强	增加购买欲望	有利					●					

2. 行业环境分析

（1）市场需求预测：通过对行业发展趋势、消费者行为变化、经济形势等因素的研究，预测市场对特定产品或服务的未来需求。例如，随着人们生活水平的提高和健康意识的增强，对有机食品的需求可能会持续增长。企业可以通过市场调研、数据分析、专家访谈等方式来进行市场需求预测，以便提前做好生产和销售计划。

（2）市场供给预测：分析行业内现有企业的生产能力、潜在进入者的情况以及技术进步对供给的影响，预测市场的供给情况。如果一个行业的技术门槛较低，可能会吸引大量新企业进入，从而增加市场供给。企业需要关注市场供给的变化，以便调整自己的生产策略和价格策略。

（3）市场所处阶段：判断市场处于导入期、成长期、成熟期还是衰退期。在导入期，市场需求较小，但增长潜力巨大；成长期市场需求快速增长，竞争也逐渐加剧；成熟期市场需求相对稳定，竞争格局基本形成；衰退期市场需求下降，企业需要考虑转型或退出。例如，智能手机市场目前处于成熟期，市场增长速度放缓，竞争非常激烈。

（4）行业技术与政策：关注行业技术的发展趋势，如新技术的出现、技术创新的速度等，以及政府对行业的政策支持或限制。例如，新能源汽车行业受到政府的大力支持，政策补贴和环保要求推动了该行业的快速发展。同时，企业也需要关注行业技术的变革，如自动驾驶技术、电池技术的进步等，以便及时调整自己的技术研发和产品策略。

3. 竞争环境分析

（1）整体竞争环境分析。

竞争激烈程度：通过分析市场上企业的数量、市场集中度、产品同质化程度等因素，判断竞争的激烈程度。如果市场上企业众多，产品同质化严重，竞争就会非常激烈。例如，在低端智能手机市场，竞争非常激烈，企业需要通过价格战、促销活动等方式来争夺市场份额。

主流竞争手段：了解行业内企业主要采用的竞争手段，如价格竞争、产品创新、品牌建设、渠道拓展等。不同的行业和市场阶段，主流竞争手段可能会有所不同。例如，在高端化妆品市场，品牌建设和产品创新是主要的竞争手段；而在日用品市场，价格竞争和渠道拓展可能更为重要。

市场中有多少竞争产品或企业：统计市场上的竞争产品或企业数量，分析它们的市场份额、产品特点、竞争优势等。这有助于企业了解自己在市场中的地位和竞争对手的情况，以便制定相应的竞争策略。

（2）竞争对手分析。

找出竞争对手：根据企业的客户群体、产品定位、价格策略等因素，找出与自己直接竞争的企业。例如，一家中高端餐厅的竞争对手可能是其他中高端餐厅，而不是快餐店或小吃摊。

分析竞争对手的优势和劣势：研究竞争对手的产品特点、服务质量、品牌形象、营销策略等方面的优势和劣势。通过与竞争对手的比较，企业可以发现自己的不足之处，从而有针对性地进行改进和提升。

预测竞争对手的行动：根据竞争对手的历史行为、市场动态和行业趋势，预测竞争对手可能采取的行动，如推出新产品、调整价格、拓展市场等。这有助于企业提前做好应对准备，避免被竞争对手抢占市场份额。

4. 市场与客户分析

（1）市场吸引力：评估市场的规模、增长速度、盈利能力、竞争程度等因素，确定市场的吸引力。一个具有较大规模、快速增长、高盈利能力和较低竞争程度的市场通常具有较高的吸引力。例如，人工智能市场目前具有很大的吸引力，因为它具有巨大的市场潜力和高增长速度。

（2）市场地位：分析企业在市场中的地位，包括市场份额、品牌知名度、客户满意度等方面。企业可以通过市场调研、数据分析等方式来了解自己在市场中的地位，以便制定相应的市场策略。

（3）目标客户：明确企业的目标客户群体，包括客户的年龄、性别、收入水平、职业、兴趣爱好等特征。通过对目标客户的深入了解，企业可以更好地满足客户的需求，提高客户的满意度和忠诚度。

（4）目标客户需求：研究目标客户的需求和痛点，包括功能需求、情感需求、社交需求等方面。企业可以通过市场调研、客户反馈、数据分析等方式来了解客户的需求,以便开发出更符合客户需求的产品和服务。

5. 价值链分析

(1) 行业价值链分析:分析整个行业的价值链,包括原材料供应商、生产商、分销商、零售商等环节。了解行业价值链的各个环节的价值创造和利润分配情况,有助于企业找到自己在价值链中的位置,优化自己的业务流程,提高企业的竞争力。

(2) 公司价值链分析:分析企业内部的价值链,包括研发、采购、生产、销售、售后服务等环节。通过对公司价值链的分析,企业可以找出价值创造的关键环节,优化资源配置,提高企业的运营效率和盈利能力。

(3) 运营价值链分析:分析企业的具体运营活动,如生产流程、供应链管理、客户服务等。通过对运营价值链的分析,企业可以找出运营中的瓶颈和问题,优化运营流程,提高企业的运营质量和效率。

表1-2 外部环境分析案例

分析项目	具体内容	举例说明	选择的策略
行业环境分析			
市场需求预测	随着5G技术普及、消费者对高性能手机需求增加,市场需求有望持续增长。	预计未来几年,消费者对拍照功能强大、运行速度快、电池续航能力强的智能手机需求将不断上升。	加大在5G技术应用和高性能硬件研发上的投入,推出满足消费者需求的产品。
市场供给预测	各大手机厂商不断推出新产品,市场供给充足。	华为、小米、苹果等品牌持续推出新款手机,市场竞争激烈,供给量较大。	优化产品推出节奏,注重产品差异化,避免同质化竞争。
市场所处阶段	目前处于成熟期,市场增长速度放缓,竞争格局基本稳定。	市场份额主要被几个头部品牌占据,新品牌进入难度较大。	加强品牌建设和技术创新,提升用户体验,巩固市场地位。
行业技术与政策	技术不断进步,如折叠屏、快充技术等;政府鼓励5G网络建设和智能终端发展。	各大厂商纷纷投入研发折叠屏技术;政府加快5G基站建设,推动智能手机行业发展。	紧跟技术发展趋势,积极参与5G生态建设,加大对新技术的研发投入。

续表

分析项目	具体内容	举例说明	选择的策略
竞争环境分析			
竞争激烈程度	非常激烈，产品同质化现象较为严重。	各大品牌在性能、外观等方面差异逐渐缩小，价格战频繁。	突出产品特色和品牌个性，通过创新避免价格战。
主流竞争手段	品牌建设、技术创新、营销推广。	苹果注重品牌形象塑造；华为投入大量研发资金进行技术创新；小米通过线上线下营销活动吸引消费者。	根据自身优势选择重点竞争手段，如技术型企业加大研发，营销型企业强化推广。
市场中有多少竞争产品或企业	众多，包括国际品牌和国内品牌。	苹果、华为、小米、三星等众多品牌竞争市场份额。	分析竞争对手，找准市场空白点或细分领域进行突破。
竞争对手分析			
找出竞争对手	根据产品定位、价格区间、目标客户群体确定。	例如，华为与苹果在高端市场竞争；小米与荣耀在中低端市场竞争。	明确竞争优势和劣势，制定针对性竞争策略。
分析竞争对手的优势和劣势	苹果：品牌影响力大、系统流畅；华为：通信技术强、拍照功能出色。	小米：性价比高；三星：屏幕技术领先。	学习竞争对手优势，改进自身劣势，突出差异化竞争。
预测竞争对手的行动	可能推出新的旗舰机型、加强营销活动。	苹果可能推出新一代iPhone，华为可能加大5G手机推广力度。	提前做好应对准备，调整产品策略和营销计划。
市场与客户分析			
市场吸引力	市场规模大，但增长速度放缓，竞争激烈。	全球智能手机市场规模庞大，但增速不如以前。	挖掘细分市场需求，拓展新兴市场，提高市场占有率。
市场地位	不同品牌市场地位不同，头部品牌占据较大市场份额。	苹果、华为、小米等品牌市场份额较高。	巩固现有市场地位，提升品牌知名度和美誉度。

续表

分析项目	具体内容	举例说明	选择的策略
目标客户	涵盖各个年龄段和消费群体，但不同品牌有不同侧重。	苹果主要针对中高端消费者；小米更受年轻消费者和追求性价比的用户青睐。	精准定位目标客户，满足其特定需求，提高客户满意度和忠诚度。
目标客户需求	性能强大、拍照好、外观时尚、续航能力强。	消费者对手机处理器性能、摄像头像素、外观设计和电池续航有较高要求。	加大在性能、拍照、外观设计和续航等方面的研发和优化。
价值链分析			
行业价值链分析	原材料供应商提供零部件，生产商组装手机，分销商和零售商销售手机。	芯片供应商为手机厂商提供处理器；手机厂商生产手机后通过经销商和电商平台销售。	加强与上下游企业的合作，优化供应链管理，提高价值链效率。
公司价值链分析	研发设计、采购、生产、营销、售后服务等环节。	华为投入大量资金进行5G技术研发；小米优化供应链降低采购成本。	整合公司内部资源，优化各环节流程，降低成本，提高质量。
运营价值链分析	生产流程优化、供应链管理、客户服务提升。	苹果优化生产流程提高生产效率；华为加强售后服务提高客户满意度。	持续改进运营流程，提高生产效率和客户服务水平。

（二）内部因素分析

企业的内部因素分析主要包括六大部分（见图1-2）。

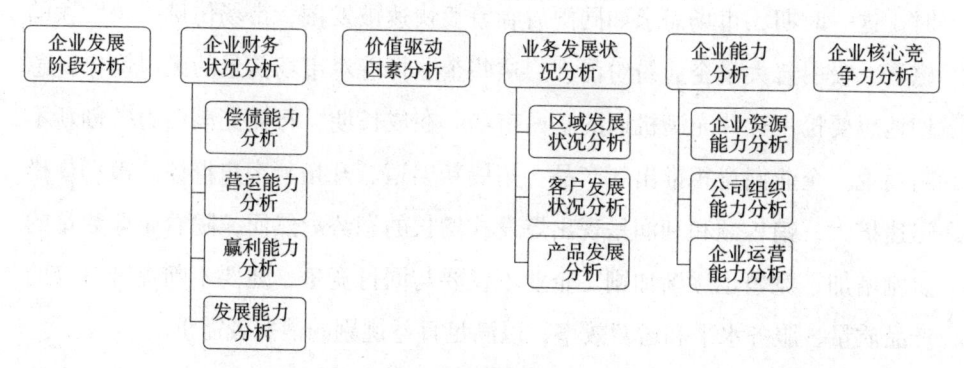

图1-2 企业的内部因素分析六大部分

1. 企业发展阶段分析

企业的发展会经历起步期、成长期、成熟期、整合期、涅槃期、收获期、变革期七个阶段，明确企业当前所处的发展阶段对于企业战略方向的规划意义重大（见图1-3）。

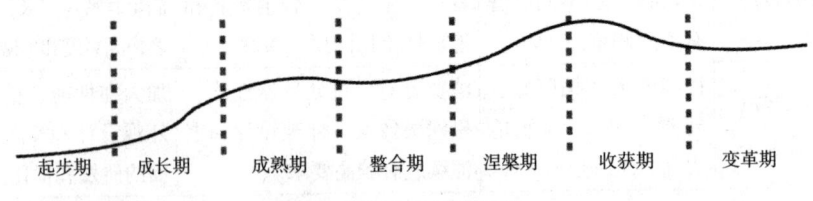

图1-3　企业发展曲线图

起步期　成长期　成熟期　整合期　涅槃期　收获期　变革期

（1）起步期：在企业发展的起步阶段，仅有少数具有敏锐洞察力和冒险精神的企业勇敢地开始介入。这些先行者凭借着对市场趋势的前瞻性判断和大胆尝试，率先踏入这片充满未知的领域。然而，大部分企业则处于观望状态，谨慎地评估着这个新兴行业的发展前景、风险与机遇。起步期的企业通常面临着诸多挑战，资源相对匮乏，资金紧张、人才短缺、技术不够成熟。同时，市场对其产品或服务的认知度极低，消费者往往对新事物持怀疑态度，需要企业花费大量的时间和精力去培育市场、建立品牌形象。尽管困难重重，但起步期也是充满希望和机遇的阶段，企业有机会在一片空白中塑造自己的独特价值，为未来的发展奠定基础。

（2）成长期：随着企业的逐渐发展，把握市场的潜力开始充分展现。同时，这一时期，市场需求如同雨后春笋般快速被发掘，市场仿佛一块巨大的磁石，吸引着大量企业纷纷涌入。这些企业怀着对市场前景的无限憧憬，急切地想要抢占这片充满机遇的空白市场。在成长期，行业充满活力，创新不断涌现。企业们竞相推出新产品、拓展新渠道、开拓新客户群体。市场规模迅速扩大，销售额和利润呈现出爆发式增长的态势。然而，随着企业数量的急剧增加，竞争也逐渐加剧。企业不仅要与同行竞争，还要不断提升自身的产品质量、服务水平和运营效率，以满足日益挑剔的消费者需求。

（3）成熟期：经过一段时间的高速发展，行业逐渐趋于饱和。在这个阶段，市场增长速度明显放缓，竞争阻力不断加大。企业们发现，获取新客户变得越来越困难，市场份额的争夺越发激烈。由于竞争的加剧，企业的盈利能力开始下降。为了维持市场地位，企业不得不投入更多的资源进行市场推广、产品研发和客户服务。同时，消费者的需求也变得更加多样化和个性化，对产品和服务的品质要求更高。在成熟期，企业需要更加注重精细化管理，优化成本结构，提升品牌价值，通过创新和差异化竞争来突出重围。

（4）整合期：当市场饱和后，行业产能过剩的问题日益凸显。众多企业为了争夺有限的市场份额，纷纷采取价格战等手段，导致利润率急剧下降。在这种情况下，企业开始寻求整合的机会。整合期可以通过并购、合作等方式实现资源的优化配置，提高行业的集中度。通过整合，企业可以实现规模效应，降低成本，拓展市场份额，提升竞争力。然而，整合过程也充满挑战，需要企业在文化融合、业务协同、资源整合等方面下足功夫，确保整合后的企业能够实现协同发展。

（5）涅槃期：市场饱和且竞争激烈，行业呈现出二八分化的格局。在这个阶段，只有少数实力强大、管理卓越的企业能够脱颖而出，而大部分企业则面临着生存危机。这是企业内功的巅峰对决时期，那些能够在产品创新、市场营销、运营管理等方面不断突破的企业，将有机会在激烈的竞争中涅槃重生。然而，也有一些企业在盲目混战中迷失方向，最终被市场淘汰。涅槃期要求企业具备强大的自我革新能力和危机应对能力，敢于打破传统思维，寻找新的发展机遇和商业模式。

（6）收获期：经过激烈的市场竞争和行业整合，市场逐渐出清。那些在竞争中存活下来的企业，凭借着自身的实力和优势，占据了市场的主导地位。战争停止，寡头企业的利润开始上升。在收获期，企业可以享受市场稳定带来的丰厚回报，通过优化产品结构、提升服务质量、拓展市场渠道等方式，进一步巩固自己的市场地位。同时，企业也可以考虑进行多元化发展，探索新的业务领域，为未来的持续发展做好准备。

（7）变革期：市场环境和技术的不断变化，使得企业始终面临着新的挑战和机遇。在变革期，新的升级不断涌现，对传统企业形成蚕食之势。企业必须时刻保持警惕，积极应对竞争。这一时期，企业需要进行战略调整，重新审视自己的核心竞争力，加大在技术研发、创新和人才培养方面的投入。同时，企业还需要优化组织架构，提升运营效率，以适应快速变化的市场需求。只有不断变革和创新的企业，才能在激烈的市场竞争中立于不败之地。

企业需要在不同的发展阶段采用不同的经营策略。

2. 企业财务状况分析

企业战略的制定仅仅是一个开始，落实和执行才是最关键的，而拓展新的业务版图、进行新的经营尝试等，都需要投入。企业的财务状况直接关系企业战略的执行，因此必须要摸清企业的财务状况，重点对企业的偿债能力、营运能力、盈利能力和发展能力进行分析。

3. 价值驱动因素分析

并不是所有企业都有强烈的发展驱动，俗话说"火车跑得快，全靠车头带"，对企业的价值驱动因素进行深度分析，可以让我们对企业的发展动力做到心中有数。

价值驱动因素是影响企业价值的关键因素，企业需要深入分析这些因素，以便有针对性地进行价值提升。

市场需求是企业价值的重要驱动因素之一。企业需要密切关注市场需求的变化，及时调整产品或服务，满足消费者的需求。例如，如果市场对环保产品的需求不断增加，企业可以加大在环保产品研发和生产方面的投入，提高企业的市场竞争力和价值。

行业趋势也是影响企业价值的重要因素。企业需要了解行业的发展趋势，提前布局，抓住机遇。例如，随着人工智能技术的发展，许多企业开始将人工智能技术应用于产品研发和生产中，提高企业的效率和竞争力。

技术创新是企业价值提升的关键因素。企业需要不断投入研发，推出具有创新性的产品或服务，以满足消费者日益变化的需求。

成本控制是企业价值提升的重要手段。企业需要通过优化生产流程、降低采购成本、提高管理效率等方式降低成本，提高企业的盈利能力。

客户满意度是企业价值的重要体现。企业需要关注客户需求，提供优质

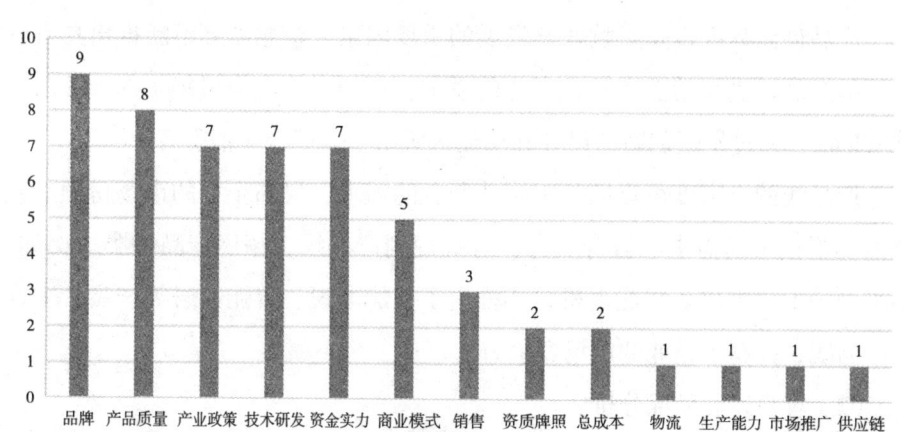

的产品和服务，提高客户满意度和忠诚度（见图1-4）。

价值驱动分析数据（按类别）：
- 品牌：9
- 产品质量：8
- 产业政策：7
- 技术研发：7
- 资金实力：7
- 商业模式：5
- 销售：3
- 资质牌照：2
- 总成本：2
- 物流：1
- 生产能力：1
- 市场推广：1
- 供应链：1

图1-4 价值驱动分析范例一

表1-3 价值驱动分析范例二

成功因素	品牌	技术研发	产品质量	产业政策	资金实力
驱动因素	1.以质量为核心的产品模式 2.以服务为宗旨的销售团队 3.营销费用投入 4.各种展会、网络平台的推广	1.新产品市场定位的准确性 2.IPD研发流程的有效实施 3.扩大研发技术人员规模及专业深度 4.PLM系统辅助项目管理	1.完整测试体系的运转 2.质量控制的仪器仪表设备 3.严格的来料质量控制 4.合格的供应商质量	1.加入各类相关行业协会 2.加入标准委员会 3.及时了解获取各种产业政策 4.针对产业政策制订公司行动方案	1.进行市场融资 2.稳健的现金流 3.选择性发展与投资 4.与供应商、渠道或竞争对手进行战略合作

4. 业务发展状况分析

主要从业务的产品发展状况、客户发展状况进行分析。

（1）产品发展状况分析。

产品的市场竞争力是企业业务发展的关键。企业需要评估产品的性能、质量、价格、品牌等方面的竞争力，了解产品在市场中的地位。例如，如果企业的产品在性能和质量方面与竞争对手相比具有优势，但价格较高，企业可以考虑通过降低成本或优化定价策略来提高产品的市场竞争力。

产品创新程度也是影响业务发展的重要因素。企业需要不断推出具有创新性的产品，满足消费者日益变化的需求。例如，苹果公司每年都会推出新款iPhone，通过不断创新的设计和功能，吸引了全球众多消费者。

产品线的丰富度可以满足不同消费者的需求，提高企业的市场份额。企业需要根据市场需求和自身实力，合理规划产品线，拓展产品种类。例如，小米公司不仅推出了智能手机，还推出了智能电视、智能家居等产品，丰富了产品线，提高了企业的市场竞争力。

（2）客户发展状况分析。

客户群体的规模是企业业务发展的基础。企业需要了解客户的数量、分布、特征等情况，以便有针对性地进行市场推广和客户服务。例如，如果企业的客户主要集中在某个地区或某个行业，企业可以考虑拓展新的市场领域，扩大客户群体。

客户增长趋势反映了企业业务发展的潜力。企业需要关注客户数量的增长速度、新客户的获取情况等，以便及时调整市场策略。例如，如果企业的客户增长速度放缓，企业可以通过加大市场推广力度、提高客户满意度等方式来吸引新客户。

客户忠诚度是企业业务发展的重要保障。企业需要通过提供优质的产品和服务、建立良好的客户关系等方式提高客户忠诚度。例如，星巴克以其舒适的环境、优质的咖啡和个性化的服务，赢得了众多消费者的忠诚，客户重复购买率较高。

5. 企业能力分析

企业的资源能力、组织能力、运营能力是重中之重。所谓资源能力，就是所能调动的资源情况，能调动的资源越多，企业的能力就越强。组织能力主要体现在人员的管理上。运营能力则反映企业各部门、各机构之间的协同情况。

（1）经营发展能力分析。

企业在不同地区的市场拓展能力是衡量其经营发展能力的重要指标。企业需要了解不同地区的市场需求、竞争状况、政策法规等情况，制定合理的市场拓展策略。例如，如果企业想要进入国际市场，需要了解当地的文化、消费习惯、法律法规等，进行本地化的产品设计和市场推广。

企业在不同地区的适应能力也是区域发展能力的重要体现。企业需要根据不同地区的特点，调整经营策略，适应当地的市场环境。例如，一些跨国企业在进入不同国家和地区时，会根据当地的法律法规、文化习俗等进行调整，以提高企业的适应能力。

（2）公司组织能力分析。

组织架构是企业运营的基础，合理的组织架构可以提高企业的管理效率和执行力。企业需要根据自身的发展战略和业务需求，设计合理的组织架构，明确各部门的职责和权限。例如，一些企业采用扁平化的组织架构，减少管理层级，提高决策效率。

管理水平是企业组织能力的重要体现。企业需要建立科学的管理制度，加强内部管理，提高管理效率和质量。例如，企业可以通过引入先进的管理理念和方法，如精益管理、六西格玛管理等，提高企业的管理水平。

团队协作能力是企业组织能力的关键因素。企业需要培养员工的团队合作精神，建立良好的沟通机制，提高团队协作效率。例如，一些企业通过组织团队建设活动、开展跨部门项目等方式，增强员工的团队协作能力。

6. 企业核心竞争力分析

在竞争越来越白热化的今天，竞争力强弱直接关系着企业的生死存亡，对企业核心竞争力进行深度分析，能够帮助我们清晰定位企业在整个市场生态中的地位和状态。

企业的核心竞争力是其在市场中立足并持续发展的关键。它涵盖了多个方面，不仅包括技术实力，还涉及品牌影响力、人才优势和创新能力等。

技术实力是企业核心竞争力的重要组成部分。拥有先进的技术可以使企业在产品性能、质量和生产效率方面占据优势。例如，科技企业不断投入研发，掌握核心技术专利，能够在激烈的市场竞争中脱颖而出。像华为在5G通信技术领域的卓越表现，凭借强大的技术研发能力，成为全球通信行业的领军企业。

品牌影响力也是不可忽视的因素。一个具有强大品牌影响力的企业，能够在消费者心中树立良好的形象，提高消费者的忠诚度和购买意愿。例如，苹果公司以其高端的品牌形象、卓越的产品设计和优质的用户体验，吸引了全球众多消费者，品牌价值极高。

人才优势是企业发展的核心动力。优秀的人才团队能够为企业带来创新的思维、高效的执行力和强大的竞争力。企业通过吸引、培养和留住高素质的人才，不断提升自身的实力。例如，谷歌以其良好的工作环境、丰厚的薪酬待遇和广阔的发展空间，吸引了全球顶尖的技术人才，为公司的持续创新提供了有力保障。

创新能力是企业保持活力和竞争力的源泉。在快速变化的市场环境中，企业只有不断创新，才能满足消费者日益变化的需求，开拓新的市场空间。例如，特斯拉通过持续的技术创新，推出高性能的电动汽车和先进的自动驾驶技术，引领了汽车行业的变革。

表1-4 内部环境分析案例

分析项目	具体内容	现状分析	对策
企业核心竞争力分析	技术实力	技术落后于竞争对手	加大研发投入，引进高端技术人才，加强技术合作与交流。
	品牌影响力	品牌知名度低	制定品牌推广策略，提升品牌形象，加强品牌管理。
	人才优势	人才流失严重	优化薪酬福利体系，提供良好的职业发展空间，营造积极的企业文化。
	创新能力	创新不足	建立创新激励机制，鼓励员工创新，加强与科研机构合作。

续表

分析项目	具体内容	现状分析	对策
企业发展阶段分析	起步期	资源有限，市场认知度低	明确市场定位，寻找目标客户群体，控制成本，逐步打开市场。
	成长期	市场需求快速增长，竞争加剧	加大市场推广力度，扩大生产规模，提升产品或服务质量。
	成熟期	增长放缓，竞争激烈	创新产品或服务，优化成本结构，提升客户满意度，拓展新市场。
	整合期	行业产能过剩，利润率下降	通过并购、合作等方式整合资源，提高行业集中度，实现规模效应。
	涅槃期	面临重大危机或市场变化	进行深刻自我反思和变革，寻找新的发展机遇和商业模式。
	收获期	市场稳定，利润上升	巩固市场地位，进行多元化发展，为未来发展储备资金。
	变革期	市场环境和技术变化快	进行战略调整，优化组织架构，加大技术研发和创新投入。
企业财务状况分析	偿债能力	短期偿债压力大	优化流动资产结构，加强应收账款管理，合理安排资金。
		长期偿债风险高	调整资本结构，降低负债水平，提高盈利能力。
	营运能力	应收账款周转率低	加强应收账款催收，优化信用政策。
		存货周转率低	优化库存管理，减少存货积压。
		总资产周转率低	提高资产利用效率，优化资产配置。
	盈利能力	毛利率下降	降低成本，提高产品附加值，优化定价策略。
		净利率下降	控制费用支出，提高经营管理水平。
	发展能力	营业收入增长率低	拓展新市场，开发新产品，提升市场份额。
		净利润增长率低	优化成本结构，提高盈利能力。
		总资产增长率低	加大投资力度，扩大资产规模。

续表

分析项目	具体内容	现状分析	对策
价值驱动因素分析	市场需求	市场需求变化快	密切关注市场动态，及时调整产品或服务。
	行业趋势	行业趋势不明确	加强市场调研和行业分析，提前布局。
	技术创新	技术创新滞后	加大技术研发投入，引进创新人才，加强技术合作。
	成本控制	成本上升	优化生产流程，降低采购成本，提高管理效率。
	客户满意度	客户满意度低	提升产品或服务质量，加强客户关系管理。
业务发展状况分析	产品发展	产品竞争力弱	进行产品创新，提升产品质量，优化产品定价。
	客户发展	客户增长缓慢	加大市场推广力度，拓展客户渠道，提高客户忠诚度。
企业能力分析	经营发展	市场拓展困难	制定针对性的市场拓展策略，加强区域市场调研。
		适应能力差	了解当地市场环境和文化，调整经营策略。
	公司组织	组织架构不合理	优化组织架构，明确职责分工，提高管理效率。
		管理水平低	引入先进管理理念和方法，加强培训和学习。
		团队协作能力弱	加强团队建设，建立良好的沟通机制，营造合作氛围。

（三）内外结合 SWOT 矩阵分析

当我们将宏观环境分析和自身情况分析整合到 SWOT 矩阵中时，就能清晰地看到企业面临的优势（Strengths）、劣势（Weaknesses）、机会（Opportunities）和威胁（Threats），从而为企业战略决策的选择提供依据。

SWOT 矩阵分析，也叫态势分析，是一种通过对被分析对象的优势、劣势、机会和威胁等加以综合评估与分析得出结论，进而结合企业内部资源、外部环境来了解其面临的机遇和挑战，最终为企业战略规划服务的方法。

利用优势把握机会（S）：当企业具备显著优势且外部环境中存在着良好

的机会时，企业应积极采取行动，利用自身的优势去牢牢抓住这些机会。

克服劣势抓住机会（W）：如果企业存在一些劣势但同时外部环境又呈现出极具吸引力的机会，这就需要企业集中精力来改善自身的不足，以便能够更好地利用这些机会。

利用优势应对威胁（ST）：在面临外界威胁的情况下，如果企业自身拥有突出的优势，那么就可以通过进一步强化这些优势来抵御威胁。

减少劣势规避威胁（WT）：倘若企业的劣势比较明显且面临的威胁较大，那么此时可能需要采取较为保守的策略，如收缩业务范围、进行业务转型或寻找新的发展方向等，以降低风险。

举个例子，一家电商企业，其优势是拥有庞大的用户基础和高效的物流配送系统，劣势是技术研发能力相对较弱，机会是线上购物市场持续增长，威胁是竞争对手的不断涌入。那么对于这家企业来说，利用优势把握机会（S）方面，可以利用庞大的用户基础进行精准营销和产品推广，进一步扩大市场份额；同时借助高效的物流配送系统提升用户体验，增强用户黏性。在克服劣势抓住机会（W）方面，企业可以加大对技术研发的投入，招聘优秀的技术人才或与专业的技术公司合作，提升自身技术水平，以更好地适应市场需求的变化。在利用优势应对威胁（ST）方面，可以凭借良好的用户口碑和高效的物流服务来抵御竞争对手的冲击，保持自身的竞争优势。而在减少劣势规避威胁（WT）方面，企业可能需要重新审视自身的业务布局，优化资源配置，避免在技术研发上的过度投入导致资金紧张等问题。

表1-5　内外部因素

外部因素 \ 内部因素	优势（S）	劣势（W）
机会（O）	S-O 发挥优势 利用机会	W-O 利用机会 克服劣势
威胁（T）	S-T 发挥优势 规避威胁	W-T 克服劣势 规避威胁

表1-6 SWOT分析范例

因素	优势（Strengths）	劣势（Weaknesses）	机会（Opportunities）	威胁（Threats）
内部因素	技术与创新：拥有先进的核心技术，持续投入研发确保技术领先地位。例如，在产品研发中不断推出具有创新性的功能，满足市场对高品质、高性能产品的需求。生产与运营：高效的生产运营体系，严格的质量控制流程确保产品质量稳定。同时，通过优化供应链管理和生产流程，有效控制成本，提高生产效率。人才团队：专业、高素质的人才团队，具备丰富的行业经验和创新能力。团队成员之间协作良好，能够快速响应市场变化和客户需求。企业文化：积极向上、富有活力的企业文化，鼓励创新、勇于担当，为企业发展提供强大的精神动力。	品牌建设：品牌知名度有待进一步提升，在市场竞争中品牌影响力相对较弱。与行业领先品牌相比，在消费者心目中的认知度和美誉度还有较大提升空间。市场拓展：市场覆盖范围有限，主要集中在特定区域或细分市场。在拓展新市场时面临着渠道建设、市场推广等方面的挑战。资金实力：资金实力相对较弱，在进行大规模研发投入、市场拓展和并购等方面可能受到一定限制。难以与资金雄厚的大型企业在资源投入上进行竞争。管理体系：管理体系有待进一步完善，在决策效率、内部沟通等方面可能存在一些问题，影响企业的快速发展。	市场拓展机会：新兴市场的不断涌现为企业提供了广阔的发展空间。例如，随着发展中国家经济的快速发展，对企业产品的需求持续增长，可以积极开拓这些新兴市场。技术创新机遇：行业技术变革带来的创新机遇，如人工智能、大数据等新技术的应用，可以为企业产品升级和服务创新提供有力支持。合作与战略联盟：与其他企业建立合作关系或战略联盟，实现资源共享、优势互补，共同开拓市场。例如，与上下游企业合作，优化供应链，提高整体竞争力。产品多元化：根据市场需求和企业自身优势，拓展产品线，实现产品多元化发展，降低单一产品的市场风险。	竞争压力：竞争对手的技术赶超可能导致企业市场份额下降。竞争对手不断加大研发投入，推出更具竞争力的产品，对企业构成巨大挑战。市场需求变化：市场需求变化迅速，消费者需求多样化、个性化趋势明显，企业产品可能难以完全满足市场需求，导致市场份额流失。原材料价格波动：原材料价格波动频繁，可能增加企业的生产成本，影响企业的盈利能力。如果企业不能有效应对原材料价格波动，可能面临成本上升、利润下降的风险。法规政策变化：行业法规政策的变化可能对企业的生产经营产生重大影响。例如环保政策的加强可能要求企业增加环保投入，提高生产标准。

续表

因素	优势（Strengths）	劣势（Weaknesses）	机会（Opportunities）	威胁（Threats）
外部因素	经济环境：宏观经济增长带来的市场需求扩大，为企业发展提供了良好的外部环境。消费者购买力增强，对企业产品的需求也相应增加。政策支持：政府对行业的支持政策，如税收优惠、财政补贴、产业扶持等，有助于企业降低成本、提高竞争力。技术发展：行业技术的不断进步为企业提供了更多的创新机会和发展空间。例如，新的生产工艺、材料和技术的应用可以提高产品质量和性能。	行业竞争：行业竞争激烈，市场份额争夺压力大。众多竞争对手在产品质量、价格、服务等方面展开激烈竞争，企业需要不断提升自身竞争力才能在市场中立足。消费者需求：消费者需求多样化、个性化，难以完全满足。消费者对产品的品质、功能、设计等方面的要求不断提高，企业需要不断进行产品创新和服务升级，以满足消费者的需求。供应链风险：供应链的稳定性和可靠性受到多种因素的影响，如自然灾害、贸易摩擦、供应商问题等。供应链风险可能导致企业原材料供应中断、生产停滞，影响企业的正常运营。	新技术应用：新技术的出现可提升产品竞争力，如人工智能、物联网、区块链等技术在企业产品中的应用，可以提高产品的智能化水平、安全性和可靠性。行业整合趋势：行业整合趋势提供并购机会，企业可以通过并购整合产业链上下游资源，扩大企业规模，提高市场集中度和竞争力。绿色发展机遇：随着环保意识的不断提高，绿色发展成为行业趋势。企业可以抓住绿色发展机遇，开发环保产品和服务，满足市场对绿色产品的需求。新兴市场需求：新兴市场对企业产品的需求不断增长，企业可以积极开拓新兴市场，扩大市场份额，实现企业的可持续发展。	经济周期波动：经济衰退导致市场需求下降，企业销售业绩受到影响。在经济衰退时期，消费者购买力下降，市场需求萎缩，企业面临着销售困难、库存积压等问题。政策变化风险：政策变化带来的不确定性，如贸易政策、税收政策、环保政策等的变化，可能对企业的生产经营产生重大影响。企业需要密切关注政策变化，及时调整经营策略，以降低政策风险。行业标准提高：行业标准的提高可能增加企业的生产成本和技术难度。如果企业不能及时适应行业标准的提高，可能面临市场淘汰的风险。竞争对手挑战：竞争对手的市场策略调整、新产品推出等可能对企业构成威胁。企业需要密切关注竞争对手的动态，及时调整自身策略，以应对竞争对手的挑战。

通过 SWOT 矩阵分析，可以客观准确地分析和呈现企业的现实情况，对于找准企业的战略方向十分实用。

战略的本质是选择的艺术

战略方向，简单来说，就是为牵引组织去达成战略目标而给出的方向性指引。然而在战略方向的选择中是"做什么与不做什么"的艺术。

在明确企业愿景、使命、价值观，分析企业所处的竞争环境，对企业优势、劣势进行 SWOT 分析后，自然而然可以找到适合企业自身的战略方向和路径。

具体来说，它包括以下几个方面。

是对不同战略类型的抉择，比如是采取增长型战略以追求市场份额的扩大和业务的快速发展，还是选择防御型战略来巩固现有地位、降低风险等。

涉及对具体业务领域、市场区域的确定。例如，决定是否进入新的行业或细分市场，或者集中资源深耕现有的核心市场。

战略选择也涵盖了对资源配置的规划，包括人力、财力、物力等资源如何在不同业务单元和项目之间进行分配，以确保战略的有效实施。

它还包括对竞争策略的选定，比如是通过成本领先来获取竞争优势，还是依靠差异化来突出自身特色。

此外，战略选择需要综合考虑长期目标和短期利益的平衡，既要着眼于企业的长远发展愿景，又要确保当前的运营能力持续提升。

（1）充分发挥优势（Strengths），企业或许具备独树一帜的核心技术，如在人工智能领域拥有先进的算法；抑或是拥有一支极具创新能力与强大执行力的卓越团队；还可能构建起了强大且广受认可的品牌声誉；抑或具备高效的生产运营流程，能够快速且高质量地交付产品。以某科技公司为例，若其优势体现为拥有领先的技术，那么可思索如何进一步深化技术研发，推出更具竞争力的产品，或者将该技术应用于更多领域，以此强化优势所带来的效益。

（2）需严谨审视劣势（Weaknesses）。可能存在资金紧张的状况，对业务的大规模拓展形成限制；技术研发方面或许存在某些短板，致使产品在某些特性上落后于竞争对手；管理体系也许存有不完善之处，存在沟通不畅或决策效率低下等问题。例如，对于一家制造企业来说，若其劣势表现为生产设备老化，那么可考虑通过引入新设备或对现有设备进行升级改造来改善这一状况。

（3）密切关注机会（Opportunities）。这或许涵盖新的市场需求的涌现，例如健康养老市场的迅速发展；政策对某些行业的大力扶持，如对新能源产业的支持；或者行业趋势的重大转变，如数字化转型所带来的机遇。假设一个传统行业的企业察觉到了互联网+的机会，那么其可以积极探索线上业务模式，搭建电商平台等，以牢牢抓住这一机会。

（4）高度重视威胁（Threats）。可能有竞争对手的强势崛起，推出了更具吸引力的产品或服务；市场的变化可能引发需求的不稳定；法律法规的调整也可能对企业运营产生影响。例如，当一个行业面临激烈的价格战时，企业需要依据自身优势来思考如何通过提供差异化服务或优化成本来有效应对这一威胁。

在具体战略方向的选择上：

（1）增长型战略（SO）：当企业优势显著且机会众多时，可采取积极的扩张策略。比如一家拥有强大技术研发实力和市场渠道优势的企业，在发现新兴市场对其产品存在巨大需求时，可以加大市场投入，迅速占据该市场，达成业务的快速增长。例如，苹果公司凭借其在智能手机领域的技术和品牌优势，不断推出新的产品系列，不断拓展全球市场。

（2）扭转型战略（WO）：针对劣势与机会，致力于提升自身能力以把握机会。比如一家企业由于缺乏专业营销团队而导致市场份额较低，但发现了某个新兴的细分市场机会，此时可通过招聘或合作引入专业营销人才，制定针对性的营销策略，从而成功抓住机会。例如，一些传统企业为了适应电商时代的发展，大力培养或引进电商运营人才，以开拓线上市场。

（3）多元化战略（ST）：依靠优势应对威胁。例如，一家在某个领域拥有领先技术优势的企业，面对竞争对手的多元化竞争，可以利用其技术优势进入相关领域进行多元化发展，降低单一业务的风险。比如腾讯依托其在社交领域的优势，涉足游戏、金融科技等多个领域。

（4）防御型战略（WT）：在劣势和威胁突出的情况下，可能需要收缩业务、优化资源配置或探寻新的发展方向。比如一家企业由于资金链紧张且面临激烈竞争，可能会选择出售一些非核心业务，集中资源发展核心业务，或者探索新的业务模式和增长点。例如，一些企业在行业不景气时，会进行业务重组，削减成本，同时积极寻找新的盈利点。

例如：格兰仕成立于1978年，其前身是一家羽绒制品厂。在1991年，格兰仕的管理层认为羽绒服装及其他制品的出口前景不佳，于是决定从现行业转移到一个成长性更好的行业。经过市场调查，格兰仕初步选定家电业为新的经营领域，因为格兰仕所在地广东顺德及其周围地区已经是中国最大的家电生产基地。

在进一步的市场调研中，格兰仕发现大家电的竞争较为激烈，而小家电市场则具有较大的发展潜力。因此，格兰仕选定以小家电为主攻方向，并最终确定微波炉为进入小家电行业的主导产品。当时，国内微波炉市场刚开始发育，生产企业只有4家，其市场几乎被外国产品垄断。

1993年，格兰仕试产微波炉1万台，开始从纺织业为主转向家电制造业为主。自1995年至今，格兰仕微波炉国内市场占有率一直居第一位，且大大超过国际产业、学术界确定的垄断线（30%），达到60%以上，1998年5月市场占有率达到73.5%。格兰仕频频使用价格策略在市场上获得了领导地位。1996年到2000年，格兰仕先后5次大幅度降价，每次降价幅度均在20%以上，每次都使市场占有率总体提高10%以上。

格兰仕的成功得益于其正确的战略方向选择。首先，格兰仕选择了一个具有较大发展潜力的小家电市场作为主攻方向，并将微波炉作为主导产品。这一选择使得格兰仕能够在市场竞争中占据有利地位，避免了与大家电企业的直接竞争。其次，格兰仕采取了成本领先战略，通过扩大生产规模和降低生产成本，使其产品价格更具有竞争力。这一战略使得格兰仕能够在市场上获得较高的市场占有率，并逐步建立起自己的品牌优势。此外，格兰仕还注重技术创新和产品质量，不断推出新产品和改进产品质量，以满足消费者的需求。

格兰仕的成功经验表明，企业在选择战略方向时，需要充分考虑市场需求、竞争状况、自身资源和能力等因素，选择一个具有较大发展潜力的市场作为主攻方向，并采取相应的竞争战略，以提高市场竞争力和市场占有率。同时，企业还需要注重技术创新和产品质量，不断推出新产品和改进产品质量，以满足消费者的需求。

以下是一个结合SWOT分析的企业战略选择案例。

表1-7 结合SWOT分析的企业战略选择案例

SWOT因素	具体内容	战略选择
优势（Strengths）	先进的技术研发能力，高效的生产运营体系，强大的品牌影响力	S战略：利用技术优势和品牌影响力，加大新产品研发投入，拓展高端市场，进一步提升品牌形象。 ST战略：凭借技术和生产优势，不断推出差异化产品，抵御竞争对手挑战，巩固市场地位。
劣势（Weaknesses）	市场覆盖范围有限，资金实力相对较弱，管理体系有待完善	W战略：积极寻求合作与战略联盟，借助合作伙伴的资源拓展市场，弥补资金不足。加强内部管理体系建设，提升管理效率。 WT战略：谨慎控制成本，优化资源配置，避免在激烈竞争和资金紧张的情况下陷入困境。
机会（Opportunities）	新兴市场需求增长，行业技术变革，政策支持	S战略：抓住新兴市场机遇和技术变革契机，将先进技术应用于新市场开拓，扩大市场份额。积极响应政策，争取政策支持。 W战略：利用政策支持和行业变革，吸引投资，加强市场推广，拓展市场覆盖范围。

续表

SWOT 因素	具体内容	战略选择
威胁（Threats）	竞争对手技术赶超，市场需求变化快，原材料价格波动	ST 战略：持续投入研发，保持技术领先，以应对竞争对手挑战。加强市场调研，快速响应市场需求变化。优化供应链管理，降低原材料价格波动影响。 WT 战略：多元化产品组合，降低单一产品受市场需求变化和原材料价格波动的影响。收缩市场战线，聚焦核心业务，提高运营效率。

同时，战略另一个维度是选择"不做什么"，以下是一些避免战略方向选择误区的方法。

1. 进行全面的战略评估

（1）分析核心竞争力：明确企业的独特优势，如技术专长、品牌影响力、渠道优势等。确定哪些业务领域能够充分发挥这些核心竞争力，而哪些领域与之关联不大。

例如，一家以先进制造技术为核心竞争力的企业，可能会确定不进入对技术要求较低的劳动密集型产业。

（2）评估市场机会与风险：对不同市场进行深入调研，分析市场规模、增长趋势、竞争程度、进入壁垒等因素。评估每个市场机会所需的资源投入和预期回报，以及可能面临的风险。

比如，如果一个新兴市场虽然有增长潜力，但竞争激烈且进入成本高，企业可能决定不进入该市场。

（3）审视企业资源与能力：盘点企业的资金、人力、技术、设备等资源，以及管理能力、创新能力、营销能力等。确定哪些业务活动超出了企业的资源和能力范围。

例如，如果企业缺乏足够的资金和人才来支持大规模的研发项目，就可能决定不开展高投入的创新业务。

2. 建立决策框架

（1）设定明确的战略目标：确定企业的长期和短期目标，如市场份额增长、盈利能力提升、品牌建设等。所有决策都应围绕这些目标进行，不符合目标的业务活动应被排除。

比如，如果企业的目标是成为高端市场的领导者，那么可能会决定不生产低价、低质的产品。

（2）制定决策标准：建立一套明确的决策标准，如投资回报率、市场份额增长潜力、与核心业务的协同性等。对每个潜在的业务活动进行评估，不符合标准的应排除。

例如，企业可以设定投资回报率必须达到一定水平才能开展新业务，低于这个标准的项目就不做。

（3）进行优先级排序：对不同的业务活动和项目进行优先级排序，优先投入资源到对企业战略目标贡献最大的领域。低优先级的项目可以考虑放弃或延迟。

比如，在资源有限的情况下，企业可能会优先发展与核心业务紧密相关的项目，而放弃一些边缘性的业务探索。

3. 借鉴外部经验和行业最佳实践

（1）研究竞争对手：分析竞争对手的业务范围、战略选择和市场表现。了解他们的成功经验和失败教训，避免进入竞争对手已经占据优势或失败的领域。

例如，如果竞争对手在某个细分市场遭遇了严重的亏损，企业可以考虑不进入这个市场。

（2）参考行业趋势和专家意见：关注行业的发展趋势、技术创新和市场变化。听取行业专家的意见和建议，了解哪些业务领域可能面临衰退或被新技术取代。

比如，如果某个行业正在被新兴技术颠覆，企业可以决定不继续在传统业务模式上投入过多资源。

（3）学习成功企业的案例：研究其他成功企业的战略决策和业务选择，学习他们如何明确"不做什么"，以及如何聚焦核心业务实现持续增长。

例如，苹果公司专注于少数几款核心产品，而不是涉足过多的产品线，这种战略选择值得其他企业借鉴。

4. 持续监测和调整

（1）建立反馈机制：定期评估企业的战略执行情况和业务表现，收集内部员工和外部客户的反馈意见。根据反馈及时调整战略决策，明确哪些业务活动需要调整或放弃。

比如，如果某个产品的市场反馈不佳，企业可以考虑停止生产该产品或进行重大改进。

（2）关注市场变化：密切关注市场动态、竞争态势和技术发展，及时发现新的机会和威胁。根据市场变化调整企业的"不做什么"清单，确保战略的适应性和灵活性。

例如，如果出现了新的法规政策或市场需求变化，企业可能需要重新评估某些业务活动的可行性。

（3）进行战略复盘：定期进行战略复盘，总结经验教训，评估企业在明确"不做什么"方面的决策是否正确。根据复盘结果调整决策框架和方法，不断优化企业的战略选择。

比如，通过复盘发现某个被放弃的业务机会实际上具有潜力，企业可以重新考虑是否要进入该领域。

以小米公司为例：

表1-8　小米案例分析

方法	具体内容	战略选择：不进入的领域
进行全面的战略评估	分析核心竞争力	小米的核心竞争力在于高性价比的产品、强大的生态链布局以及高效的线上线下营销渠道。因此，小米可能决定不进入那些对品牌溢价要求极高、与自身性价比定位不符的超高端奢侈品市场。

续表

方法	具体内容	战略选择：不进入的领域
进行全面的战略评估	评估市场机会与风险	对于一些市场规模极小、增长潜力有限且技术门槛过高的细分领域，如专业医疗设备领域，小米评估后可能决定不进入。因为进入该领域需要大量的专业研发投入和严格的监管审批，风险较高且与小米现有业务协同性低。
	审视企业资源与能力	如果某个业务需要大量的资金投入且回报周期极长，而小米目前的资金状况和发展阶段不允许，就可能不做。例如，大规模投资建设高端芯片制造工厂，这超出了小米目前的资金和技术资源能力范围。
建立决策框架	设定明确的战略目标	小米的目标是为用户提供高品质、高性价比的智能产品和服务，打造智能生活生态。所以小米可能决定不生产那些低质量、功能单一的传统电子产品，如低端收音机等。
	制定决策标准	如果一个项目的投资回报率预计低于小米设定的标准，比如10%，且市场份额增长潜力小，与小米生态链协同性差，就不做。例如一些小众的、市场需求不稳定的电子产品配件项目。
	进行优先级排序	在资源有限的情况下，小米会优先发展智能手机、智能家电等与核心业务紧密相关的项目，而可能放弃一些边缘性的如小众户外运动设备等业务探索。
借鉴外部经验和行业最佳实践	研究竞争对手	如果看到竞争对手在某个细分市场如高端游戏电脑市场投入巨大但市场份额增长缓慢且利润微薄，小米可能考虑不进入这个市场。
	参考行业趋势和专家意见	随着行业发展，可穿戴设备市场竞争激烈且技术更新换代快，如果专家认为某个特定类型的可穿戴设备如功能单一的智能手环市场即将饱和，小米可能决定不继续加大在该领域的投入。
	学习成功企业的案例	学习苹果公司专注于少数几款核心产品的策略，小米可能决定不盲目推出过多型号的产品，避免产品线过于繁杂。例如在平板电脑领域，不像一些竞争对手推出众多型号，而是集中精力打造几款主打产品。

续表

方法	具体内容	战略选择：不进入的领域
持续监测和调整	建立反馈机制	如果小米的某款智能硬件产品市场反馈不佳，如用户体验差、销量低，小米可能会停止生产该产品或进行重大改进。比如某款智能摄像头如果在画质、连接稳定性等方面问题较多，就可能被调整或放弃。
	关注市场变化	如果出现新的法规政策要求电子产品必须满足更高的环保标准，而某个项目的产品难以达到这些标准，小米可能需要重新评估该业务的可行性，甚至决定不做。比如一些使用特定不环保材料的电子产品项目。
	进行战略复盘	通过复盘发现某个曾经被放弃的业务机会如智能家居中的特定小众产品，在市场环境变化后实际上具有潜力，小米可以重新考虑是否要进入该领域。例如曾经放弃的智能宠物喂食器市场，随着养宠人群的增加和对智能设备需求的上升，可能被重新评估。

"差之毫厘，谬以千里"，战略方向上的一点微不足道的偏差，在落实执行层面上可能会产生巨大的差异，因此企业在确定战略方向时，对战略方向的描述务必要准确、详细。

一是战略方向应采用一个含义明确的短语进行描述，如"有效增长""卓越运营"等，其目的是便于在组织内部进行移植理解和便捷的沟通。

二是要对战略方向进行具体化、可衡量的描述，其目的是保障战略方向的范围、内涵得到准确、一致的定义，以避免对战略方向的理解偏差。

第二步　构建商业模式：企业成功的关键之匙

用商业模式画布输出商业模式

战略选择是企业发展的指南针，它明确了企业的长远目标和整体定位，决定了企业在市场竞争中的大致方向。

而商业模式则成了实现这一战略目标的具体路径规划。商业模式关乎企业如何整合资源、组织运营、创造价值以及获取利润。它详细描绘了企业在市场中的运作方式，包括产品或服务的提供形式、客户群体的定位、收入来源的构成等。

战略如同蓝图的框架，给予企业宏观的指引；商业模式则像填充框架的具体细节，将抽象的战略转化为可操作的步骤。如果战略有误，商业模式再好也难以达成企业的预期目标；反之，没有合适的商业模式支撑，战略也只能是空中楼阁。只有两者相互配合、相辅相成，企业才能在复杂多变的市场环境中稳健前行，实现可持续发展。

在一定程度上，好的商业模式决定了成功，但是好的商业模式不是一股脑儿就能想出来的，而是需要借助科学的工具和正确的方法，用商业模式画布输出商业模式就是一个实用又高效的方法。

商业模式画布起源于西方商业实践形成的理论总结，其中应用最为广泛的是《商业模式新生代》作者亚历山大·奥斯特瓦德提出的，并经过不断地迭代升级，演变成了现在的样子。

商业模式画布又叫BMC，是Business Model Canvas的缩写，是一种能够帮助团队催生创意、降低猜测、确保找对目标用户、合理解决问题的工具，是一种用来描述并可视化商业模式的重要语言，它包含客户细分（CS）、价值主张（VP）、渠道通路（CH）、客户关系（CR）、收入来源（RS）、核心资源（KR）、关键业务（KA）、重要合作（KP）、成本结构（CS）共九个模块（见图2-1）。

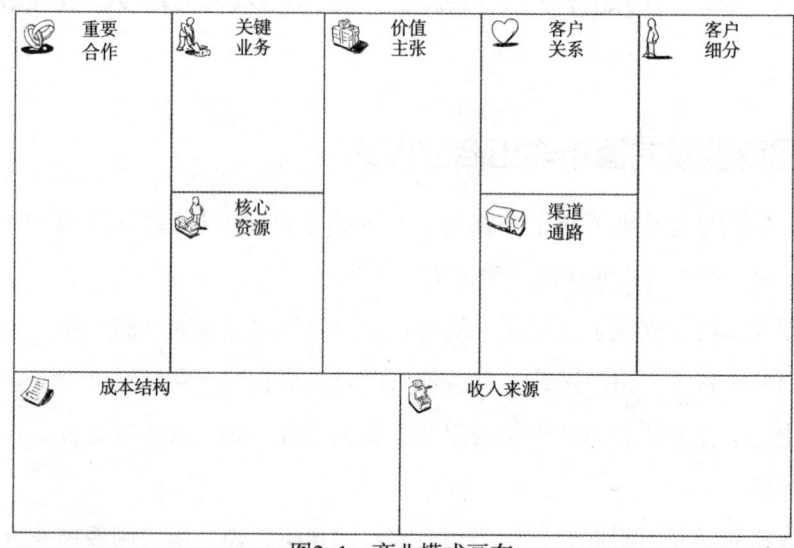

图2-1 商业模式画布

1. 客户细分模块

客户细分是企业服务与客户群体的分类，每个企业和每个机构都会特定地服务某部分或某几部分的客户，值得一提的是，客户细分指的是我们的目标用户，简单地说，客户细分模块就是用来描绘一个企业想要接触和服务的不同人群或组织。

对于这个模块，我们需要解决的问题有两个：一是我们正在为谁创造价值；二是谁是我们最重要的客户。

2. 价值主张模块

价值主张模块描绘的是为特定客户细分创造价值的系列产品和服务，可以简单地理解为我们能够为客户带来怎样的好处。

对于这个模块，我们需要解决的问题有四个。

（1）我们该向客户传递什么样的价值？

（2）我们正在帮助客户解决哪一类难题？

（3）我们正在满足哪些客户需求？

（4）我们正在提供给客户细分群体哪些系列的产品和服务？

3. 渠道通路模块

渠道通路是企业服务流程中的客户接触点，我们通过什么样的渠道和客户产生联系，来传递我们的价值主张，是线上还是线下的或者其他渠道等。

对于这个模块，我们需要解决的问题有六个。

（1）我们通过哪些渠道可以接触到客户细分群体？

（2）现在如何接触到他们？

（3）渠道如何整合？

（4）哪些渠道最有效？

（5）哪些渠道成本效益最好？

（6）如何把渠道与客户的例行程序进行整合？

在不同的阶段，渠道通路有不同的功能，依次是提升公司产品和服务在客户中的认知、帮助客户评估公司价值主张、协助客户购买特定产品和服务、向客户传递价值主张、提供售后支持。

4. 客户关系模块

客户关系是指企业和客户建立的关系以及如何维系关系，当客户开始接触产品之后，我们要与客户建立起一个关系，从而达到与客户长期合作的目的。

该模块是描绘公司与特定客户细分群体建立的关系类型，需要解决的问题包括四个。

（1）我们希望与每个客户细分群体建立和保持怎样的关系？

（2）我们已经建立起哪些关系？

（3）这些关系成本是多少？

（4）如何把它们与商业模式的其余部分进行整合？

5. 收入来源模块

企业向客户提供价值所获取的收入即收入来源，收入来源模块是用来描绘公司从每个客户群体中获取的现金收入。对于该模块，需要解决的问题有四个。

（1）什么样的价值能让客户愿意付费？

（2）他们现在付费购买的是什么？

（3）他们是如何支付费用的？

（4）他们更愿意如何支付费用？

6. 核心资源模块

核心资源是指企业为了让商业模式有效运作所需要的资源，该模块是描绘让商业模式有效运转所必需的最重要因素。对于这个模块，我们需要解决的问题有四个。

（1）我们的价值主张需要什么样的核心资源？

（2）我们的渠道通路需要什么样的核心资源？

（3）我们的客户关系需要什么样的核心资源？

（4）我们的收入来源需要什么样的核心资源？

7. 关键业务模块

企业为让商业模式有效运作所需要执行的关键业务活动，简单地说就是企业如何才能盈利，是企业必须做的最重要的事情。关键业务可分为三类：制造产品——关键业务与设计、制造及发送产品有关；问题解决——咨询公司、医院等，关键业务是知识管理和持续培训；平台/网络——关键业务与平台管理、服务提供和平台推广有关。

该模块需要解决的问题有四个。

（1）我们的价值主张需要什么样的关键业务？

（2）我们的渠道通路需要什么样的关键业务？

（3）我们的客户关系需要什么样的关键业务？

（4）我们的收入来源需要什么样的关键业务？

8. 重要合作模块

重要合作模块是描述让商业模式有效运作所需的供应商与合作伙伴的网

络，需要解决的问题有四个。

（1）谁是我们的重要伙伴？

（2）谁是我们的重要供应商？

（3）我们正在从伙伴那里获取哪些核心资源？

（4）合作伙伴都执行哪些关键业务？

9. 成本结构模块

成本结构是指商业模式运作所需要的成本，为了获取到利润收益，我们需要在哪些项目付出对应的成本。该模块是描绘运营一个商业模式所引发的所有成本，需要解决的问题有三个。

（1）什么是我们商业模式中最重要的固有成本？

（2）哪些核心资源花费最高？

（3）哪些关键业务花费最高？

以上九大模块之间，并不是毫无关系，独立存在的，而是存在着一定的逻辑关系。九个模块中，每一个模块里面都涵盖着成千上万种的可能性和替代方案，我们所要做的就是从这成千上万的结果中，找到最佳的一个。

商业画布使得商业模式可视化，使用统一的语言讨论不同商业领域。它可以用来描述和分析企业、组织如何创造价值、传递价值、获得价值，能够帮助企业清楚商业规则，深入了解企业全貌。不仅能够提供更多灵活多变的计划，而且更容易满足用户的需求。最重要的是，它可以将商业模式中的元素标准化，并强调元素间的相互作用。

时代在变化，没有哪个企业的商业模式是一成不变的，商业模式要随着环境的变化进行调整，以适应时代发展，及时、有效地对商业模式画布进行评估，有助于企业审视当前的商业模式，发现问题，查漏补缺，及时做出调整，并规划未来的商业模式，这是让企业保持长久活力的重要措施之一。

商业模式画布的九大组成模块，如果从字面上不好理解，我们可以把它换成通俗的语言，来理解九大模块分别要解决的是什么问题（见图2-2）。

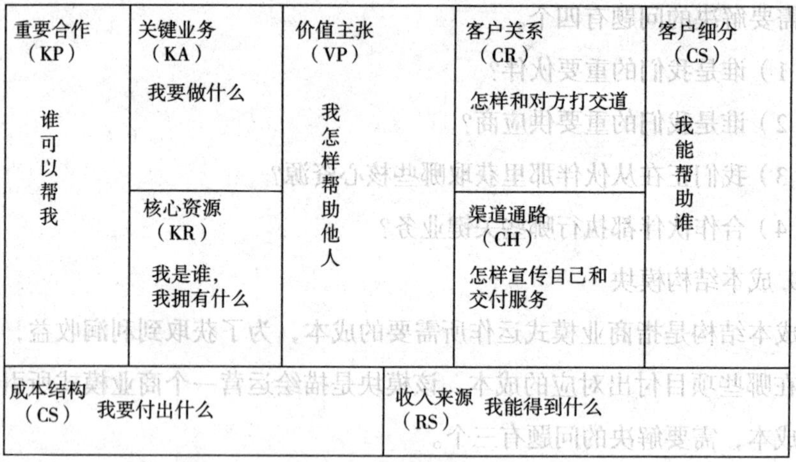

重要合作 （KP） 谁可以帮我	关键业务 （KA） 我要做什么	价值主张 （VP） 我怎样帮助他人	客户关系 （CR） 怎样和对方打交道	客户细分 （CS） 我能帮助谁
	核心资源 （KR） 我是谁，我拥有什么		渠道通路 （CH） 怎样宣传自己和交付服务	
成本结构 （CS）　我要付出什么			收入来源 （RS）　我能得到什么	

图2-2 九大模块示意图

客户细分——我能帮助谁

价值主张——我怎样帮助他人

渠道通路——怎样宣传自己和交付服务

客户关系——怎样和对方打交道

收入来源——我能得到什么

核心资源——我是谁，我拥有什么

关键业务——我要做什么

重要合作——谁可以帮我

成本结构——我要付出什么

以下通过几个案例来说明商业模式的构成。

案例一：在线教育平台

（1）客户细分：目标客户主要为学生群体，包括中小学生、大学生以及职场人士等不同年龄段的学习者。

进一步细分可以根据学科需求、学习目标、学习进度等因素进行，例如针对准备高考的高三学生提供高考冲刺课程，针对职场人士的英语提升需求提供商务英语课程。

（2）价值主张：提供高质量的在线课程，由专业教师授课，课程内容丰富、系统。

个性化学习方案，根据学生的学习情况和需求定制课程，提高学习效果。

便捷的学习方式，学生可以随时随地通过电脑、手机等设备进行学习。

（3）渠道通路：线上渠道：建立官方网站和移动应用，通过搜索引擎优化（SE）、搜索引擎营销（SEM）、社交媒体推广等方式吸引用户。

与学校、教育机构合作，进行线下推广，提高品牌知名度。

（4）客户关系：提供优质的客户服务，及时解答学生的问题和反馈。

建立学习社区，让学生之间可以交流学习经验，增强用户黏性。

（5）收入来源：课程销售：学生购买课程获得收入。

会员制度：推出会员服务，会员可以享受更多的课程优惠和专属服务。

广告收入：在平台上展示相关教育产品的广告获得收入。

（6）核心资源：优秀的教师团队，具备丰富的教学经验和专业知识。

先进的在线教学技术平台，保证课程的流畅性和互动性。

丰富的课程资源库，不断更新和优化课程内容。

（7）关键业务：课程研发：根据市场需求和学生反馈，不断开发新的课程。

重要合作和成本结构（略）。

教学管理：确保教师的教学质量和学生的学习效果。

平台运营：维护平台的正常运行，不断优化用户体验。

案例二：健康管理 App

（1）客户细分：关注健康的人群，包括有健身需求的人、慢性疾病患者、老年人等。

可以根据健康目标、生活方式等因素进行细分，例如针对减肥人群提供定制的减肥计划，针对糖尿病患者提供血糖管理服务。

（2）价值主张：提供个性化的健康管理方案，包括饮食、运动、睡眠等方面的建议。

实时监测健康数据，如运动步数、心率、睡眠质量等，帮助用户了解自己的健康状况。

连接专业的健康顾问，为用户提供在线咨询服务。

（3）渠道通路：线上渠道：在各大应用商店上线 App，通过社交媒体、健康博客等渠道进行推广。

与健身机构、医院合作，进行线下推广，提高品牌知名度。

（4）客户关系：提供优质的客户服务，及时回复用户的咨询和反馈。

举办健康讲座、线下活动等，增强用户黏性。

（5）收入来源：推出会员服务，会员可以享受更多的健康管理服务和专属优惠。

与健康产品厂商合作，推广健康产品获得佣金收入。

广告收入：在 App 上展示相关健康产品的广告获得收入。

（6）核心资源：专业的健康顾问团队，具备丰富的健康管理经验和专业知识。

先进的健康数据监测技术，保证数据的准确性和实时性。

庞大的用户数据库，通过数据分析为用户提供更精准的健康管理服务。

（7）关键业务：健康管理方案制订：根据用户的健康数据和需求，制订个性化的健康管理方案。

重要合作或成本结构（略）。

数据监测和分析：实时监测用户的健康数据，进行数据分析，为用户提供健康建议。

平台运营：维护 App 的正常运行，不断优化用户体验。

案例三：智能家居企业

（1）客户细分：追求高品质生活的家庭用户，包括年轻夫妇、有小孩的家庭、老年人等。

可以根据家庭规模、装修风格、生活习惯等因素进行细分，例如针对小户型家庭提供简约实用的智能家居解决方案，针对有小孩的家庭提供安全防护功能更强的智能家居产品。

（2）价值主张：提供智能化的家居生活体验，让用户可以通过手机、语音等方式控制家中的电器设备。

提高家庭的安全性和舒适性，如智能门锁、智能摄像头、智能空调等产品。

节能环保，通过智能控制实现能源的高效利用。

（3）渠道通路：线上渠道：建立官方网站和电商平台旗舰店，通过社交媒体、家居论坛等渠道进行推广。

与家装公司、房地产开发商合作，进行线下推广，提高品牌知名度。

（4）客户关系：提供优质的售后服务，及时解决用户在使用产品过程中遇到的问题。

建立用户社区，让用户之间可以分享使用经验，增强用户黏性。

（5）收入来源：产品销售：销售智能家居产品获得收入。

智能家居解决方案定制：为用户提供个性化的智能家居解决方案，收取定制费用。

售后服务收入：提供产品维修、升级等售后服务获得收入。

（6）核心资源：先进的智能家居技术研发团队，具备自主研发能力。

高品质的智能家居产品生产线，保证产品的质量和性能。

完善的售后服务体系，为用户提供及时、专业的售后服务。

（7）产品研发：不断推出新的智能家居产品，满足用户的需求。

重要合作或成本结构（略）。

生产制造：保证产品的质量和生产效率。

市场营销：宣传和推广智能家居产品，提高品牌知名度和市场份额。

通过以上案例可以看出，设计商业模式需要综合考虑客户细分、价值主张、渠道通路、客户关系、收入来源、核心资源、关键业务、重要合作、成本结构等九个维度，根据自身的优势和市场需求，制定出具有竞争力的商业模式。

由此我们可以看出，商业模式画布中的九大模块之间存在着很强的逻辑关系，简单地来说，可以分成两部分。

一部分是收入来源，与收入来源相关的有四个模块，分别是客户细分、价值主张、渠道通路、客户关系，显然这四个模块之间也存在着一定的逻辑关系，我们可以用图2-3来表示：

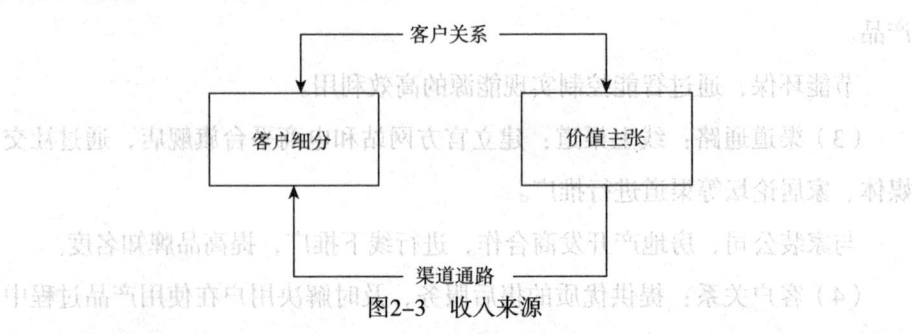

图2-3 收入来源

这四个模块相互影响、相互促进。精准的客户细分定位有助于确定有针对性的价值主张；合适的渠道通路可以更好地将价值主张传递给目标客户；良好的客户关系则可以提高客户的满意度和忠诚度，进一步促进收入增长。

另一部分是成本结构，与成本结构相关的模块有三个，分别是关键业务、核心资源、重要合作，三者是并列关系。如图2-4所示。

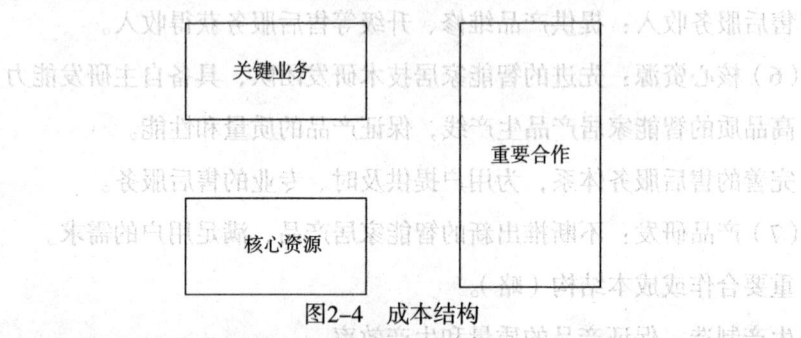

图2-4 成本结构

这三个模块虽然是并列关系，但在成本结构中相互影响。关键业务的开展需要依赖核心资源和重要合作；核心资源的获取和维护也会影响关键业务的成本；重要合作可以优化企业的资源配置，降低关键业务的成本。

概括来看，我们在设计商业模式的过程中，成本结构和收入来源相互关联、相互作用，企业需要在两者之间找到平衡，通过合理的成本控制和收入拓展策略来实现利润的最大化和可持续发展。

如何将战略与商业模式进行结合

必须将战略与商业模式紧密结合，从战略层面来看，它为企业提供了长期的方向和目标指引，决定了企业在市场中的定位、竞争策略以及发展路径。而商业模式画布则是对企业商业运作模式的全面可视化呈现，涵盖了价值主张、客户细分、渠道通路、客户关系、收入来源、核心资源、关键业务、重要合作以及成本结构等关键要素。

当战略与 BMC 有效结合时，可以确保企业的战略规划能够在具体的商业模式中得以落地实施。例如，企业制定的差异化战略可以通过在 BMC 中的独特价值主张、特定的客户细分以及针对性的客户关系管理等方面体现出来。通过将战略目标转化为 BMC 中的具体行动和要素配置，企业能够更加清晰地了解实现战略所需的资源和能力，以及可能面临的挑战和风险。

这种结合有助于企业在动态变化的市场环境中保持敏捷性和适应性。战略可以引导 BMC 的不断优化和调整，以适应新的机遇和威胁。同时，BMC 也为战略的评估和修正提供了直观的依据，通过对各个要素实际运行情况的分析，可以及时发现战略执行中的问题和偏差，并进行相应的调整。

例如一家科技企业，其战略是成为行业领先的创新者，专注于为特定高端客户群体提供最先进的解决方案。在 BMC 中，这体现为明确的高端客户细分，独特的价值主张围绕着领先的技术和个性化服务，相应的核心资源集中在研发团队和专利技术上，关键业务侧重于创新研发和定制化解决方案提供，收入来源主要依赖高附加值的产品和服务销售。通过将战略与 BMC 紧密结合，企业能够确保每一项决策和行动都与战略方向一致，并且能够通过 BMC 中的要素来衡量战略的实施效果，不断进行优化和改进。

那我们该如何将战略与商业模式画布（BMC）结合在一起？

1. 在价值主张方面

（1）战略可以明确企业要为客户提供的独特价值定位，这直接体现在价值主张上。

（2）根据战略目标调整价值主张的重点和特色，以确保与整体战略方向一致。

价值主张是商业模式画布中的核心元素之一，与战略的紧密结合至关重要。当企业制定战略时，明确的价值定位是关键。例如，一家科技公司的战略是成为行业内领先的创新者，提供最前沿的技术解决方案。那么在价值主张上，就会强调其技术的先进性、独特性以及能为客户带来的变革性影响。他们可能会突出自身研发团队的卓越能力、持续的创新投入以及拥有独家专利等特点。

例如一家专注于智能家居系统的企业，其战略是为中高端家庭提供一体化、智能化的生活体验。在价值主张上，就会强调系统的高度集成性、便捷的操作方式、个性化的场景设置以及强大的安全防护功能。他们会宣传自己的系统能够让用户轻松掌控家中的一切，从灯光、温度到家电设备，同时通过智能安防系统提供全方位的安全保障。比如，用户可以通过手机远程控制家中的空调在回家时提前开启，营造舒适的环境；当有陌生人闯入时，系统会自动发出警报并通知用户。通过这样的价值主张，与企业的战略高度契合，吸引目标客户群体。

2. 在客户细分上

（1）战略可能会引导对特定目标客户群体的选择和聚焦。

（2）分析不同客户细分与战略的契合度，以便更好地服务于战略实施。

战略对客户细分的引导作用明显。如果企业的战略是拓展新兴市场，那么就需要对这些市场中的潜在客户进行深入分析和细分。比如一家金融服务公司，战略是进入农村金融市场，他们会将农村地区的个体农户、小型农业企业、农村创业者等作为不同的细分客户群体。针对个体农户，可能提供简单易懂、低门槛的金融产品；对于小型农业企业，则侧重于提供农业生产相关的融资和风险管理服务。

例如一家在线教育企业，其战略是扩大在K-12教育领域的市场份额。

他们将学生分为不同年龄段、不同学习阶段以及不同学习需求的细分群体。比如针对小学生，设计趣味性强、互动性高的课程；对于面临升学压力的初中生，提供有针对性的考试辅导课程。通过精准的客户细分，与战略紧密结合，能够更好地满足不同客户群体的需求，提高市场竞争力。

3. 在渠道通路中

（1）战略可能决定了适合的渠道拓展方向。

（2）结合战略评估不同渠道的效率和对战略目标的贡献。

战略会决定渠道的选择和拓展方向。假如企业的战略是国际化扩张，那么就需要建立适应不同国家和地区的渠道网络。可能包括与当地经销商合作、建立海外分支机构、利用跨境电商平台等。例如，一家时尚服装品牌，为了实现国际化战略，会在目标国家寻找有实力的经销商来拓展线下销售渠道，同时积极开展线上跨境电商业务，通过社交媒体等渠道进行品牌推广。

例如一家医疗器械企业，其战略是进入高端医疗市场。他们会重点发展与大型医院、专业医疗机构的合作渠道，通过参加行业展会、学术研讨会等方式，与专业人士建立联系和合作。同时，建立自己的专业销售团队，直接与医疗机构沟通和推广产品。这样的渠道策略与企业的战略目标相一致，有助于快速打开市场并树立品牌形象。

4. 在客户关系环节

（1）战略可以影响客户关系管理策略。

（2）依据战略确定在客户关系方面的投入和重点工作。

根据战略来制定客户关系管理策略。若企业的战略是追求长期客户忠诚度，那么在客户关系方面就会注重建立深度、持久的互动。例如，一家会员制电商平台，战略是提升会员的满意度和忠诚度。他们会为会员提供专属的优惠、个性化的推荐、贴心的客户服务以及定期的会员活动。通过与会员建立紧密的关系，增加会员的黏性和消费频率。

例如一家高端酒店，其战略是打造极致的客户体验。在客户关系上，会为每位客户提供一对一的管家服务，从预订到入住再到离店，全程贴心服务。酒店还会定期回访客户，收集反馈意见并不断改进服务。通过这样的客户关系策略，与战略相匹配，吸引高端客户并保持他们的忠诚度。

5. 在核心资源及能力处

（1）战略明确了企业所需的关键资源和能力。

（2）通过BMC分析现有资源与战略所需资源的差距，制订资源发展计划。

战略明确了所需的关键资源和能力。如果企业的战略是创新驱动，那么强大的研发能力、创新人才团队就是核心资源。例如，一家科技研发企业，战略是在人工智能领域取得突破。那么他们会投入大量资源培养和吸引顶尖的人工智能专家，建立先进的研发实验室，获取大量的数据资源用于研发和训练模型。

例如，一家制造业企业，其战略是实现高效的生产运营。在核心资源和能力方面，就需要具备先进的生产设备、高效的供应链管理能力以及熟练的技术工人队伍。他们会不断优化生产流程，提高生产效率，降低成本，以确保在市场竞争中具有优势。通过将战略与核心资源及能力紧密结合，企业能够更好地发挥自身优势，实现战略目标。

6. 在关键业务方面

（1）战略决定了核心业务的重点和发展方向，这会反映在关键业务上。

（2）以战略为导向优化和调整关键业务布局。

战略决定了核心业务的重点和发展方向。如果企业的战略是多元化发展，那么可能会涉足新的业务领域。比如一家传统制造业企业，为了实现多元化战略，进军环保产业。他们会将环保业务作为新的关键业务，加大研发投入，开发环保产品和解决方案。

例如一家互联网企业，其战略是打造综合性的互联网生态。那么除了现有的核心业务外，还会拓展相关的业务领域，如在线教育、数字医疗、智能物流等，通过不断拓展关键业务，与战略相呼应，实现企业的持续发展。

7. 合作伙伴领域

（1）根据战略寻找合适的合作伙伴，共同实现战略目标。

（2）通过BMC分析合作伙伴对战略的支持作用和潜在风险。

根据战略寻找合适的合作伙伴。当企业的战略是快速进入新市场时，可能会与当地有影响力的企业合作。比如一家餐饮连锁企业，战略是进入海外市场，他们会与当地的合作伙伴合作，利用合作伙伴的资源和经验，快速适应当地市场环境。

例如一家软件企业，其战略是与其他行业的领军企业合作，共同开发创新的解决方案。他们会与金融、医疗、制造业等领域的企业合作，将软件技术与行业需求相结合，创造新的商业价值。通过与战略匹配的合作伙伴合作，企业能够加速实现战略目标，降低风险和成本。

概括来说，将战略与商业模式画布（BMC）结合在一起可以从以下几个维度进行。

（1）目标维度：战略通常会设定明确的长期和短期目标，例如市场份额增长目标、利润目标或品牌知名度提升目标等。这些目标需要在BMC的各个模块中得到体现。比如，在收入来源模块，要明确如何通过不同的产品或服务组合来实现收入增长以达成利润目标；在客户细分模块，确定重点拓展的客户群体以实现市场份额的增加。

（2）资源维度：战略会确定企业所需的关键资源，如资金、技术、人才、品牌等。在BMC中，核心资源模块应清晰列出这些资源，并评估其对商业模式的支持程度。例如，如果战略是进行大规模的市场扩张，那么在核心资源中就需要有充足的资金储备和高效的销售团队。

（3）市场维度：战略会对市场进行分析和定位，包括市场规模、市场趋势、竞争态势等。在BMC中，客户细分、渠道通路和客户关系模块需要与市场分析结果相匹配。比如，根据市场趋势确定新兴的客户细分群体，并通过合适的渠道通路和客户关系策略来吸引和保留这些客户。

（4）创新维度：战略可能会强调创新的重要性，无论是产品创新、服务创新还是业务模式创新。在BMC中，价值主张模块要突出创新点，关键业务模块要体现支持创新的活动，合作伙伴模块可能要包括创新合作伙伴。例如，战略提出开发全新的产品以满足未被满足的客户需求，那么价值主张就要清晰阐述该产品的独特价值，关键业务要涵盖研发、测试等活动。

（5）风险维度：战略制定时会考虑可能面临的风险，如市场风险、技术风险、政策风险等。在 BMC 中，成本结构模块需要考虑风险应对的成本，重要合作模块可以寻求降低风险的合作伙伴。例如，为应对技术更新换代的风险，在成本结构中预留一定的研发投入，或者与技术领先的企业合作降低技术风险。

（6）竞争维度：战略会制定竞争策略，是成本领先、差异化还是聚焦战略？在 BMC 中，价值主张、核心资源、成本结构等模块都要与竞争策略相契合。比如，采取差异化战略时，价值主张要突出独特性，核心资源要具备难以模仿的特质，成本结构可以适当放宽以支持创新和品质提升。

以下是以宁德时代战略与 BMC 结合的案例。

表2-1 宁德时代战略与BMC结合的案例

公司战略	BMC 分析维度	对应商业模式
全球化战略	客户细分：积极开拓全球各类汽车制造商及储能领域客户，涵盖传统车企转型新能源的企业、新兴造车势力以及能源企业等。 渠道通路：在全球主要市场建立销售和服务网络，包括设立办事处、与当地经销商合作等，确保产品能够高效地触达全球客户。 关键伙伴：与全球各地的原材料供应商、物流企业等建立紧密合作关系，保障供应链的稳定和高效运转。 成本结构：全球化布局可能带来较高的运输成本、市场推广成本以及适应不同地区法规和标准的成本，但通过规模效应和与关键伙伴的合作，可以在一定程度上降低采购成本和物流成本。	在全球范围内，与不同国家和地区的汽车制造商签订长期供应合同，根据客户需求定制化生产动力电池。建立海外仓储中心，优化物流配送，降低运输成本。与当地经销商合作开展售后服务，提高客户满意度。通过规模采购原材料，与供应商协商优惠价格，降低成本。同时，利用全球品牌影响力，参加国际展会和行业活动，提升品牌知名度，拓展市场份额。

续表

公司战略	BMC分析维度	对应商业模式
技术领先战略	价值主张：以持续创新的电池技术为核心，为客户提供高能量密度、长寿命、高安全性的产品，满足新能源汽车和储能市场对高性能电池的需求。 核心资源：投入大量资金和人力进行研发，拥有顶尖的科研团队、先进的研发设备和丰富的技术专利，确保在电池技术领域的领先地位。 关键活动：不断开展技术研发活动，包括新材料研发、电池结构优化、生产工艺改进等，推动电池技术的进步和创新。 成本结构：研发投入是主要成本之一，但技术领先带来的产品附加值提升以及市场份额扩大，可以降低单位产品的生产成本，同时提高产品定价能力。	持续加大研发投入，推出具有更高能量密度和更长续航里程的动力电池产品。为高端汽车制造商提供定制化的电池解决方案，收取较高的产品价格。将部分先进技术进行专利授权，获取授权费用。通过技术创新优化生产工艺，提高生产效率，降低生产成本。同时，与科研机构合作开展前沿技术研究，提升公司的技术实力和行业地位。
产业链协同战略	客户细分：与上下游企业深度合作，既服务于上游原材料供应商，共同优化原材料供应和质量，又为下游汽车制造商和储能企业提供更适配的产品和服务。 关键伙伴：与上游原材料供应商、下游车企和储能企业以及物流、金融等相关服务企业建立战略合作伙伴关系，共同打造稳定、高效的产业链生态系统。 关键活动：积极参与产业链的协同创新和优化，包括共同研发新技术、优化供应链管理、提高生产效率等活动。	与上游原材料供应商签订长期合作协议，确保原材料的稳定供应和质量，同时争取更优惠的采购价格。与下游汽车制造商共同研发新车型的电池系统，提高产品的适配性和竞争力。建立产业链协同平台，共享信息和资源，优化供应链管理，降低物流成本和库存成本。通过产业链协同，提高整个产业链的效率和效益，实现共赢。
多元化业务战略	价值主张：除了提供动力电池产品，还为客户提供储能系统解决方案、电池回收服务等多元化的产品和服务，满足不同客户在新能源领域的多样化需求。 收入来源：通过动力电池销售、储能项目合作、电池回收再利用等多种业务渠道获取收入，降低单一业务风险。	针对储能市场，推出大型储能系统解决方案，与能源企业合作建设储能项目，获取项目收入。开展电池回收业务，建立回收网络，对废旧电池进行回收和再利用，销售回收材料，

续表

公司战略	BMC分析维度	对应商业模式
多元化业务战略	关键活动：开展动力电池研发生产、储能系统集成、电池回收技术研发等不同类型的关键活动，推动多元化业务的协同发展。 成本结构：多元化业务可能需要在不同领域进行一定的投资，增加了研发成本和市场开拓成本。但通过共享资源和协同发展，可以降低部分成本，同时多元化的收入来源也有助于分散风险。	降低对原材料的依赖。通过多元化业务布局，共享研发、生产和销售资源，降低成本。同时，根据不同业务的特点和市场需求，制定不同的营销策略和盈利模式，提高公司的抗风险能力和盈利能力。
品牌建设战略	价值主张：通过打造高品质、高性能的产品和服务，树立宁德时代在新能源领域的高端品牌形象，为客户提供可靠的能源解决方案。 渠道通路：利用线上线下多种渠道进行品牌宣传和推广，包括参加行业展会、举办技术研讨会、在社交媒体和专业媒体上进行广告投放等。 客户关系：建立良好的客户关系管理体系，及时响应客户需求，提供优质的售前、售中、售后服务，提高客户满意度和忠诚度。	参加国际新能源汽车展会和储能行业峰会，展示公司的最新技术和产品，提升品牌知名度。在社交媒体上开展品牌宣传活动，与消费者互动，增强品牌影响力。建立客户服务热线和在线服务平台，及时解决客户问题。为重点客户提供个性化的服务方案，提高客户满意度和忠诚度。通过品牌建设，提高产品的附加值和市场竞争力，实现可持续发展。
可持续发展战略	价值主张：强调环境保护和资源循环利用，为客户提供绿色、可持续的能源解决方案，符合全球可持续发展的趋势和要求。 关键活动：投入资源进行电池生产的绿色化改造，如采用清洁能源、优化生产工艺减少废弃物排放等；积极开展电池回收和再利用业务，降低对环境的影响。 关键伙伴：与环保组织、科研机构等合作，共同推动新能源产业的可持续发展，提升行业的整体环保水平。 成本结构：可持续发展战略可能会增加初期的投资成本，如绿色生产设备的采购、环保技术的研发等。但从长期来看，资源循环利用可以降低原材料成本，同时符合环保要求也有助于提升公司的品牌价值和市场竞争力。	投资建设太阳能发电设施，为工厂提供清洁能源，降低能源成本。研发环保型电池生产工艺，减少废弃物排放，降低环保成本。开展电池回收业务，建立回收工厂，对废旧电池进行拆解和再利用，生产再生材料，降低对原材料的依赖。与环保组织合作开展公益活动，提升公司的社会形象和品牌价值。通过可持续发展战略，实现经济效益、环境效益和社会效益的多赢。

通过从这些维度将战略与 BMC 结合，可以更系统、全面地构建和优化企业的商业模式，确保战略的有效落地和实现。

商业模式的设计步骤

上文我们看到了战略和商业模式的结合，可以让企业的经营策略更加落地，但是一个有效的商业模式不是九个要素的简单罗列，要素之间存在着有机联系，我们如何用商业模式画布这一工具来描述战略的实现？

商业模式的设计对于企业的成功至关重要，它犹如一张蓝图，指引着企业在市场竞争中的方向和行动。根据九大要素间的逻辑关系，商业模式的设计通常可以分为以下几个步骤。

一、明确目标客户

1. 市场调研

对潜在市场进行全面分析，包括行业趋势、竞争态势、技术发展等方面。了解市场规模、增长速度、主要参与者以及市场痛点。

通过调查问卷、访谈、焦点小组等方式直接收集目标客户的需求、偏好、购买行为等信息。分析客户的年龄、性别、职业、收入水平等人口统计学特征，以及他们的生活方式、价值观等心理特征。

2. 客户细分

根据市场调研结果，将潜在客户划分为不同的细分群体。可以按照客户的需求、购买行为、地理位置、行业等因素进行细分。

确定每个细分群体的特点和需求，评估其市场规模和增长潜力。选择最有吸引力的细分群体作为目标客户，明确他们的关键需求和痛点。

二、确定价值主张

1. 产品或服务定位

根据目标客户的需求和痛点，确定公司提供的产品或服务的核心价值。明确产品或服务的独特卖点，即与竞争对手相比的优势所在。

考虑产品或服务的功能、性能、质量、价格、品牌形象等方面，确定其在市场中的定位。

2. 价值创造

设计产品或服务的具体内容和特点，以满足目标客户的需求。可以从产品的设计、功能、材料、包装等方面进行创新，提高产品的附加值。

考虑提供额外的服务，如售后服务、培训、咨询等，增强客户的满意度和忠诚度。确定价值主张的传播方式，通过广告、宣传资料、口碑传播等方式将产品或服务的价值传达给目标客户。

三、构建业务模式

1. 关键业务活动

确定公司为实现价值主张所必须进行的关键业务活动。这些活动可能包括研发、生产、销售、营销、客户服务等方面。

分析每个关键业务活动的流程和环节，确定其所需的资源和能力。优化业务流程，提高业务效率和质量。

2. 合作伙伴关系

识别公司在业务运营中所需的合作伙伴，包括供应商、分销商等。确定与合作伙伴的合作方式和合作内容，建立稳定的合作关系。

考虑通过合作实现资源共享、优势互补、降低成本、提高效率。评估合作伙伴的可靠性和稳定性，确保合作的顺利进行。

四、设计盈利模式

1. 收入来源

确定公司的收入来源渠道，如产品销售、服务收费、订阅模式、广告收入等。分析每个收入来源的可行性和可持续性，评估其市场潜力和增长趋势。

考虑多元化的收入来源，降低对单一收入渠道的依赖。确定收入的定价策略，根据产品或服务的价值、市场需求、竞争态势等因素确定合理的价格。

2. 成本结构

分析公司的成本结构，包括固定成本和可变成本。固定成本可能包括设备采购、场地租赁、人员工资等方面，可变成本可能包括原材料采购、销售费用、运输费用等方面。

优化成本结构，降低成本支出。通过规模效应、技术创新、供应链管理等方式降低成本，确保公司的盈利模式具有可持续性，能够实现盈利目标。

五、评估和优化商业模式

1. 可行性分析

对设计的商业模式进行可行性分析，评估其在技术、经济、法律等方面的可行性。分析商业模式的风险和挑战，制定相应的风险应对策略。

进行市场测试，通过小规模的试点项目或产品发布，收集客户反馈和市场数据，验证商业模式的可行性和有效性。

2. 持续优化

根据市场反馈和实际运营情况，对商业模式进行持续优化和改进。关注市场变化和客户需求的变化，及时调整商业模式，以适应市场的发展。

建立商业模式的评估机制，定期对商业模式的绩效进行评估和分析。根据评估结果，制定改进措施，不断提升商业模式的竞争力和可持续发展能力。

以下是以健康食品电商公司为例的商业模式设计步骤表格（见表2-2）。

表2-2　某公司商业模式设计步骤表格

开展步骤	具体行动	详细说明
一、明确目标客户	市场调研	1.行业趋势分析： -收集行业报告、新闻资讯，了解健康食品市场的规模、增长速度、主要产品类别和趋势。关注消费者对健康食品的认知度和需求变化，如对特定食材、功能性食品的需求增长。 -分析竞争对手的产品特点、价格策略、市场份额和营销手段，找出市场空白和竞争优势点。 -参加行业展会、研讨会，与业内人士交流，获取最新的市场动态和趋势。

续表

开展步骤	具体行动	详细说明
一、明确目标客户	市场调研	2.竞争态势： –对现有健康食品电商平台进行详细分析，包括产品种类、价格、用户体验、配送服务等方面。评估其优势和不足，如产品质量把控、客户服务水平等。 –研究传统零售商在健康食品领域的布局和策略，比较其与电商平台的差异，如购物便利性、产品价格等。 –分析竞争对手的市场定位和目标客户群体，确定自身的差异化竞争策略。 3.直接收集客户信息： –设计在线调查问卷，涵盖客户的年龄、性别、职业、收入水平、健康意识、购买习惯等方面。通过社交媒体、电子邮件等渠道广泛发放问卷，收集足够的样本数据。 –组织线下访谈，邀请目标客户群体中的代表进行深入交流，了解他们对健康食品的需求、购买动机、痛点和期望。 –分析客户在其他电商平台的购买记录和评价，了解他们对不同产品的反馈和偏好。
	客户细分	根据调研结果将目标客户细分为注重减肥、关注养生、对有机食品有特殊需求的人群。 1.注重减肥的人群： –年龄主要在20~40岁，以城市白领和年轻妈妈为主。他们关注食品的热量、脂肪含量和营养成分，对低卡、低糖、高纤维的食品有强烈需求。 –购买行为特点是注重产品的效果和口碑，会仔细阅读产品标签和说明。他们更倾向于购买方便食用的食品，如代餐粉、蛋白棒等。 –营销策略可以针对他们推出减肥套餐、提供专业的减肥饮食建议和成功案例分享。 2.关注养生的人群： –年龄跨度较大，包括中老年人和注重健康生活的年轻人。他们关注食品的营养成分和功效，如具有抗氧化、提高免疫力、改善睡眠等功能的食品。 –购买行为较为理性，会综合考虑产品的品质、价格和品牌。他们更倾向于购买天然、无添加的食品，如有机蔬菜、水果、坚果等。

续表

开展步骤	具体行动	详细说明
一、明确目标客户	客户细分	-营销策略可以通过举办健康养生讲座、分享养生食谱等方式吸引他们关注。 3.对有机食品有特殊需求的人群： -主要是有环保意识和对食品安全有较高要求的消费者。他们关注食品的来源和生产过程，对有机认证、可持续种植等方面有严格要求。 -购买行为较为挑剔，会仔细研究产品的认证标志和生产厂家。他们更倾向于购买高端的有机食品，如有机肉类、海鲜、乳制品等。 -营销策略可以强调产品的有机认证、环保理念和可持续发展，提供有机食品的溯源信息和生产过程展示。
二、确定价值主张	产品或服务定位	1.核心价值： -提供高品质的健康食品，确保产品符合严格的质量标准，如无添加、有机、新鲜等。与专业的检测机构合作，对产品进行定期检测，确保食品安全。 -提供专业的健康饮食建议，由营养师团队根据客户的需求和身体状况，为他们制订个性化的饮食方案。 -提供便捷的购物体验，建立用户友好的在线购物平台，支持多种支付方式，提供快速的配送服务。 2.独特卖点： -严格筛选产品，与优质的供应商合作，确保产品的质量和来源可靠。对每一款产品进行详细的介绍和说明，包括营养成分、功效、食用方法等。 -提供个性化的健康饮食方案，根据客户的健康目标、口味偏好和饮食习惯，为他们推荐适合的食品。方案可以包括每日饮食计划、食谱推荐、食品搭配建议等。 -定期推出新品和特色产品，满足客户的多样化需求。与供应商合作开发独家产品，提高产品的独特性和竞争力。
	价值创造	1.产品内容和特点： -与多家优质的健康食品供应商建立长期合作关系，确保产品的供应稳定和质量可靠。产品种类涵盖新鲜水果、蔬菜、坚果、谷物、有机食品、功能性食品等。 -对每一款产品进行严格的质量检测，确保符合食品安全标准。提供详细的营养成分说明和食用建议，帮助客户做出明智的购买决策。

续表

开展步骤	具体行动	详细说明
二、确定价值主张	价值创造	-注重产品的包装设计，采用环保、可持续的包装材料，提高产品的附加值和品牌形象。 2.额外服务： -提供专业的营养师在线咨询服务，客户可以通过在线聊天、电话、电子邮件等方式咨询健康饮食问题。营养师团队根据客户的需求和身体状况，为他们提供个性化的饮食建议和方案。 -举办定期的健康饮食讲座和活动，邀请专业的营养师、医生、健身教练等嘉宾进行分享和交流。活动内容可以包括健康饮食知识讲座、烹饪示范、健身指导等。 -推出会员制度，为会员提供专属的优惠和服务，如折扣、免费配送、优先购买、积分兑换等。会员可以根据自己的需求和消费习惯选择不同级别的会员服务。 3.价值主张传播： -通过社交媒体平台，如微信、微博、抖音等，发布健康饮食知识、产品推荐、客户案例等内容，吸引目标客户的关注和互动。利用社交媒体的广告投放功能，提高品牌的曝光率和知名度。 -建立官方博客和网站，发布专业的健康饮食文章、食谱、产品评测等内容，为客户提供有价值的信息和资源。优化网站的搜索引擎排名，提高网站的流量和转化率。 -与健康相关的媒体、博主、网红等合作，进行产品推广和品牌宣传。邀请他们体验产品，分享自己的感受和评价，提高产品的口碑和可信度。
三、构建业务模式	关键业务活动	1.产品采购： -建立严格的供应商筛选机制，对供应商的资质、产品质量、生产环境等进行全面评估。与符合要求的供应商签订长期合作协议，确保产品的供应稳定和质量可靠。 -设立专业的采购团队，负责与供应商沟通、谈判、下单、验货等工作。采购团队要密切关注市场动态和客户需求变化，及时调整采购策略和产品种类。 -建立完善的质量检测体系，对每一批次的产品进行抽样检测，确保符合食品安全标准。对不合格的产品要及时处理，追溯问题源头，采取相应的改进措施。

续表

开展步骤	具体行动	详细说明
三、构建业务模式	关键业务活动	2.仓储和物流： -建立现代化的仓储设施，采用先进的仓储管理系统，确保产品的存储安全和高效管理。根据产品的特性和销售情况，合理规划仓储布局，提高仓储空间的利用率。 -与专业的物流公司合作，建立高效的物流配送体系。优化配送路线和配送时间，确保产品能够及时、准确地送达客户手中。提供实时的物流跟踪服务，让客户随时了解订单的配送状态。 -建立库存管理系统，实时监控库存水平，根据销售预测和客户需求，合理安排补货和库存调整。避免库存积压或缺货现象的发生，提高库存周转率和资金使用效率。 3.营销和销售： -制定全面的营销策略，包括线上和线下推广、品牌建设、客户关系管理等方面。根据目标客户群体的特点和需求，选择合适的营销渠道和手段，提高品牌的知名度和美誉度。 -建立在线销售平台，提供用户友好的购物体验。优化网站的界面设计、产品展示、购物流程等方面，提高客户的转化率和满意度。支持多种支付方式，确保交易的安全和便捷。 -开展促销活动，如打折、满减、赠品等，吸引客户购买。利用节日、纪念日等特殊时期，推出主题促销活动，提高品牌的曝光率和销售额。 4.客户服务： -建立专业的客户服务团队，负责处理客户的咨询、投诉和建议。提供多种联系方式，如在线聊天、电话、电子邮件等，确保客户能够及时得到回应和解决。 -建立完善的客户反馈机制，定期收集客户的意见和建议，对产品和服务进行改进和优化。对客户的投诉要及时处理，采取有效的措施解决问题，提高客户的满意度和忠诚度。 -提供售后服务，如退换货、维修等，确保客户的权益得到保障。建立客户档案，记录客户的购买历史和偏好，为客户提供个性化的服务和推荐。

续表

开展步骤	具体行动	详细说明
三、构建业务模式	合作伙伴关系	1.供应商： –与优质的健康食品供应商建立长期稳定的合作关系，确保产品的质量和供应稳定。与供应商签订合作协议，明确双方的权利和义务，如产品质量标准、交货时间、价格政策等。 –与供应商共同开展产品研发和创新，根据市场需求和客户反馈，开发新的产品和口味。共同推广产品，提高品牌的知名度和市场份额。 –建立供应商评估体系，定期对供应商进行评估和考核。对表现优秀的供应商给予奖励和支持，对表现不佳的供应商采取相应的改进措施或终止合作。 2.物流公司： –与专业的物流公司合作，确保产品的及时、准确配送。选择具有良好口碑和服务质量的物流公司，签订合作协议，明确配送范围、时间、费用等方面的内容。 –与物流公司建立信息共享平台，实时跟踪订单的配送状态。对物流过程中出现的问题要及时沟通和解决，确保客户能够及时收到产品。 –与物流公司共同优化配送方案，降低物流成本。根据订单量和配送区域，合理安排配送路线和车辆，提高配送效率。 3.营养师： –与专业的营养师合作，为客户提供专业的健康饮食建议和服务。邀请营养师参与产品研发和推广，根据客户的需求和身体状况，为产品提供营养成分分析和食用建议。 –建立营养师团队，为客户提供在线咨询服务。营养师团队要具备专业的知识和技能，能够为客户提供个性化的饮食方案和建议。 –组织营养师举办健康饮食讲座和活动，提高客户的健康意识和饮食知识水平。与营养师共同推广健康饮食理念，提高品牌的影响力和美誉度。
四、设计盈利模式	收入来源	1.产品销售： –根据市场需求和竞争态势，制定合理的产品价格策略。考虑产品的成本、品质、品牌价值等因素，确定产品的价格区间。 –定期进行市场调研和分析，了解客户对价格的敏感度和接受程度。根据市场反馈，适时调整产品价格，提高产品的竞争力和盈利能力。 –推出套餐和组合销售策略，鼓励客户购买更多的产品。如推出减肥套餐、养生套餐等，提高客户的购买金额和客单价。

续表

开展步骤	具体行动	详细说明
	收入来源	2.会员制度： -设计不同级别的会员制度，为会员提供专属的优惠和服务。如高级会员享受更多的折扣、免费配送、优先购买等权益。 -制定会员积分制度，客户购买产品可以获得积分，积分可以兑换礼品或抵扣现金。鼓励客户长期购买产品，提高客户的忠诚度和黏性。 -定期举办会员活动，如会员专享折扣、新品试用、线下活动等，增强会员的参与感和归属感。 3.广告收入： -与相关品牌合作，在平台上展示广告。选择与健康食品相关的品牌进行合作，确保广告内容与平台的定位和目标客户相符。 -制定广告投放策略，根据广告主的需求和目标客户群体，选择合适的广告形式和投放渠道。如展示广告、原生广告、社交媒体广告等。 -对广告效果进行评估和分析，为广告主提供详细的数据分析和报告。根据广告效果，调整广告投放策略，提高广告的点击率和转化率。
四、设计盈利模式		1.采购成本： -与供应商进行谈判，争取更优惠的采购价格。根据采购量和合作关系，与供应商协商价格折扣、返利等优惠政策。 -优化采购流程，降低采购成本。如采用集中采购、批量采购等方式，降低采购单价和运输成本。 -建立供应商管理体系，对供应商进行评估和考核。对表现优秀的供应商给予奖励和支持，鼓励他们提供更优质的产品和服务，降低采购成本。
	成本结构	2.运营成本： -控制人员成本，合理配置人力资源。根据业务发展需求，招聘合适的人才，避免人员冗余。制定合理的薪酬体系和绩效考核制度，提高员工的工作效率和积极性。 -降低办公场地租赁成本，选择合适的办公地点。可以考虑与其他企业共享办公空间，或者选择租金较低的地区。 -优化设备采购和维护成本，根据业务需求，合理采购设备。选择性价比高的设备，定期进行设备维护和保养，延长设备的使用寿命。 -控制营销费用，制定合理的营销预算。选择效果好、成本低的营销渠道和手段，如社交媒体营销、内容营销等。对营销活动进行效果评估和分析，及时调整营销策略，降低营销成本。

续表

开展步骤	具体行动	详细说明
四、设计盈利模式	成本结构	3.物流成本： -与物流公司进行谈判，争取更优惠的配送价格。根据订单量和配送区域，与物流公司协商价格折扣、返利等优惠政策。 -优化物流配送方案，降低物流成本。如采用集中配送、共同配送等方式，提高配送效率，降低配送成本。 -控制包装成本，选择合适的包装材料。可以考虑采用环保、可回收的包装材料，降低包装成本，同时提高品牌的环保形象。
五、评估和优化商业模式	可行性分析	1.技术可行性： -评估在线销售平台的技术可行性，确保平台的稳定性、安全性和用户体验。选择可靠的技术合作伙伴，如电商平台开发公司、服务器提供商等。 -对平台的功能和性能进行测试，确保能够满足客户的需求和业务发展的要求。如购物流程是否顺畅、支付系统是否安全、物流跟踪是否准确等。 -建立技术支持团队，及时解决平台出现的技术问题。定期对平台进行升级和维护，提高平台的性能和安全性。 2.经济可行性： -对商业模式的成本和收入进行详细分析，评估其盈利能力和可持续性。制定合理的财务预算和预测，确保公司的资金能够支持业务的发展。 -分析市场规模和增长趋势，评估公司的市场份额和发展潜力。根据市场需求和竞争态势，调整公司的发展战略和商业模式。 -考虑风险因素，如市场风险、竞争风险、技术风险等。制定相应的风险应对策略，降低公司的经营风险。 3.法律可行性： -确保公司的经营活动符合法律法规的要求，如食品安全法、电子商务法、消费者权益保护法等。建立法律合规部门，对公司的经营活动进行监督和管理。 -与专业的法律顾问合作，处理公司的法律事务。如合同签订、知识产权保护、纠纷解决等。 -关注法律法规的变化，及时调整公司的经营策略和商业模式，确保公司的合法合规经营。

续表

开展步骤	具体行动	详细说明
五、评估和优化商业模式	持续优化	1.根据市场反馈和客户需求调整产品和服务： -定期收集客户的反馈和意见，对产品和服务进行改进和优化。如根据客户的需求，增加新的产品种类、改进产品的包装设计、提高客户服务水平等。 -关注市场动态和竞争对手的变化，及时调整公司的产品策略和营销策略。如推出新品、调整价格、开展促销活动等。 -建立客户满意度调查机制，定期对客户进行满意度调查。根据调查结果，对公司的产品和服务进行改进和优化，提高客户的满意度和忠诚度。 2.关注竞争对手动态，调整营销策略和价格策略： -密切关注竞争对手的动态，了解他们的产品特点、价格策略、营销手段等。分析竞争对手的优势和不足，找出自身的差异化竞争优势。 -根据竞争对手的变化，及时调整公司的营销策略和价格策略。如推出更有竞争力的产品、调整价格、开展促销活动等。 -建立竞争情报收集机制，定期收集竞争对手的信息。对竞争对手的动态进行分析和评估，为公司的决策提供参考。 3.定期评估商业模式绩效，根据结果制定改进措施提升可持续发展能力： -建立商业模式绩效评估指标体系，定期对公司的商业模式进行评估和分析。如销售额、利润、客户满意度、市场份额等。 -根据评估结果，找出商业模式存在的问题和不足。制定相应的改进措施，如优化产品结构、调整营销策略、降低成本等。 -持续关注市场变化和客户需求的变化，不断优化公司的商业模式，提高公司的可持续发展能力。

商业模式画布之所以被广泛使用，主要是因为它用一张图就能够准确地表达商业之间的关系。

企业可以运用商业模式画布，促进团队的协作与创新，提升战略决策的科学性和准确性，从而使企业能够更好地适应动态变化的市场环境，实现持续稳定的发展。企业要定期回顾和更新商业模式画布，以反映业务的最新变化和发展需求，确保其始终具有指导意义和实用价值。用商业模式之匙打开企业成功之锁。

第三步 梳理关键改进：从内外部找到与核心指标的差距

找到与战略相关的创新改进点

虽然通过前面两步可以梳理出公司发展的整体战略方向，然而很多公司在制定战略方向时都会忽略一个问题：一切战略规划，只有与实际结合，才能爆发出强大的生命力。我们必须从企业的业务现实出发，不能完全依靠框架设计，框架设计是理论的，但是企业是客观存在的，在存续的经营过程中总会有企业个性的问题点、痛点、不足等，找到那些可以改进的点来结合并优化前两个步骤所初步设计的战略方向。即用企业的现实情况对战略方向进行补充和修订。

然而，值得注意的是，实际从事这些深入分析和研判工作的公司，大多数并非刚刚起步、从0到1的新公司，而是在自身所在领域已经经历了一定发展阶段的企业。

对于这类已经在市场中积累了一定经验和资源的公司而言，在进行核心策略规划时，不能仅仅停留在理论层面或盲目借鉴他人的成功模式，而是必须紧密结合企业的实际状况。其中包含了诸多关键因素，每一个都对策略的制定和实施产生着深远的影响。公司该如何找到这些结合点进行创新改进？

1. 公司内部核心流程的优化改进就是至关重要的考量点

一个高效、流畅且合理的内部流程能够极大地提升企业的运营效率，降低成本，增强企业的整体竞争力。反之，如果核心流程存在缺陷或不合理之处，就会像隐藏在企业内部的慢性疾病，逐渐侵蚀企业的健康肌体。

2. 外部的客户声音同样是企业在制定核心发展策略时必须倾听和重视的关键因素

客户的需求和反馈直接反映了企业产品或服务的市场接受度和满意度。

在当今数字化时代，客户可以通过各种渠道表达自己的意见和看法，如在线评论、社交媒体、客户服务热线等。企业如果能够及时、有效地收集和分析这些客户声音，就能洞察市场的变化和客户的需求趋势，从而调整和优化自己的产品或服务，更好地满足客户的期望。用创新改进提升客户服务品质。

对于已经在自身领域发展到了一定阶段的公司，在规划核心发展策略时，必须综合考虑公司内部核心流程是否合理，公司现有主要问题，以及外部的客户声音等因素。只有这样，企业才能从内外部找到与战略发展核心目标的差距，并通过有针对性的创新改进措施来缩小这些差距，实现可持续的发展。

以上两个方面，在企业规划战略决策时是要结合考量的，否则战略在执行的过程中必然会受到阻碍。

BPM：从业务流程中找出改进点

在公司发展中，内部核心流程的优化改进确实是至关重要的考量点。核心流程犹如企业的命脉，直接关系到企业的运营效率和效益。通过对核心流程进行优化改进，可以消除流程中的瓶颈和浪费，提高工作效率，降低成本。同时，优化后的流程能够更好地满足客户需求，提升产品或服务质量，增强企业的市场竞争力。此外，良好的核心流程还能促进部门之间的协作与沟通，提高团队凝聚力，为企业的持续发展奠定坚实的基础。

BPM，即 Business Process Management，也就是我们经常能够听到的业务流程管理，这是一种现代企业普遍使用的管理方法，其中心是规范化地构造端到端的卓越业务流程，其目的或者说作用是可以持续提高组织业务绩效。

早在工业社会的社会化大分工时代，生产型企业的业务管理就已经演变成了一种流派，近年来随着互联网的快速繁荣发展，以及绝大部分企业都开始进入线上办公的网络时代，大大提高了企业业务管理流程的运行速度。

重新设计企业的业务流程，可以显著提高企业的绩效。这一观点最早是在20世纪90年代由 Michael Hammer 和 James Champy 在《公司再造》一书中提出的，这一思想一经问世，就很快在全美的企业领域掀起了改进业务流程的管理浪潮。

企业中的业务流程。不同行业、不同规模的企业，其内部的业务流程是千差万别的。一般来说，初创的小企业，管理者更关注如何让企业活下来，在管理上更看重市场和销售，不重视业务流程，而且由于规模小，组织不健全、岗位职责不明晰、没有制度流程等，这种情况下，企业的业务流程主要是依托员工实际工作经验等自动、自发形成的，越级指挥、一事多人负责、有事无人负责等都是常会出现的问题。

随着企业的发展和规模的扩大，组织会逐渐健全，岗位和职责也会更明确，制度和流程也随之规范起来，一般处于这个阶段的企业，有了比较完整的业务流程，工作例行化，权责明确，但业务流程的管理还比较粗糙。

当企业规模很大，组织机构越来越庞大，人员分工越来越细时，组织开始出现官僚化倾向，业务流程低效、管理低效，流程冗长冗杂，跨部门流程不畅等，一部分企业在这一阶段会专门建立完整的制度流程体系，还会通过ISO9001认证等。尽管这一阶段的企业，业务流程已经变得精细、完善，但由于组织庞大、事务繁杂，还有很多细碎得不好规范化的意外情况等，所以迫切需要通过改进业务流程来提升整体效率。

对企业的业务流程有了清晰认识，我们就可以通过对企业业务流程的梳理，来找出那些需要改进的关键项目。

第一步：了解客户需求。能否满足或者超预期满足客户需求，是衡量一个企业的业务流程是否高效的关键指标。了解客户的需求，明确客户的主要需求是什么，是寻找业务流程中急需改进项目的源头活水。这里的客户既指内部客户，也指外部客户，即所有给我们的业务输入需求的内外部客户（见

图3-1）。

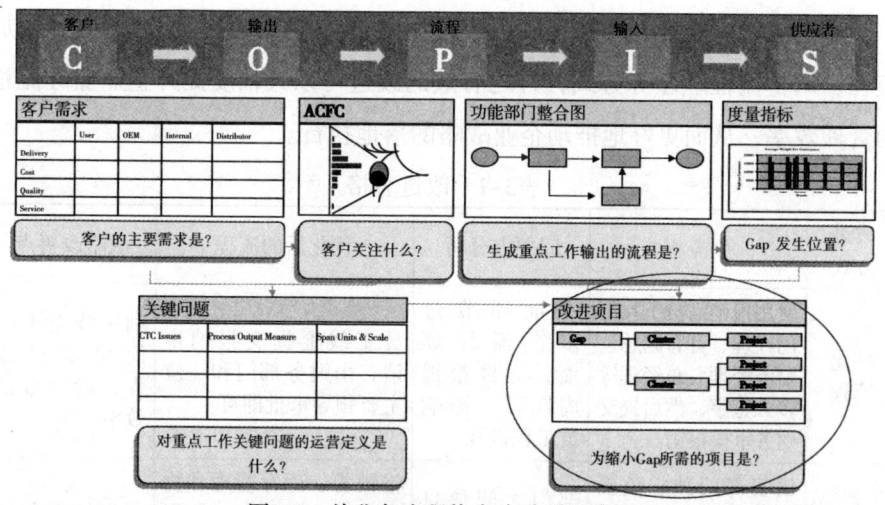

图3-1 从业务流程找出改进项目流程

第二步：输出客户分析。收集了客户需求信息后，要分析客户关注的是什么，并结合关键问题，从企业运营的角度筛选出重点工作。对客户需求和客户关注度影响越大的工作就越重要，越可能有改进的商业价值。倘若只是解决客户不痛不痒的问题，即便是花大力气改进了业务流程，也难以给客户带来实质上的产品或服务提升，如此一来，就事倍功半了。

第三步：画出功能部门整合图。结合企业的实际情况，把企业的各功能部门都列出来，写清各部门的职责范围，然后结合业务流程的情况，把部门与部门之间的关系厘清注明，如此一来一张功能部门整合图就形成了。借助本图，我们可以清晰看到生成重点工作输出的流程是什么。

第四步：明确实施者与度量指标。业务流程中的每一件事情都是由人完成的，不同的事务有不同的实施者，不同的实施者又各自有不尽相同的度量指标。首先我们要明确各流程的实施者和考核度量指标，然后要找到战略目标与现实之间的鸿沟所在，明确其主要发生在哪个环节。

第五步：找出关键改进项目。鸿沟发生在业务流程中的什么地方，什么地方就需要作出调整和改进，结合具体的差距情况，思考为缩小差距需要做什么，列出多种可能有效的行动，再对其进行可操作性、合理性、有效性等多方面的论证,最终就可以解答如何改进的问题。

总的来说,企业对业务流程的改进,主要有简化流程、整合流程、增加流程、调整流程顺序等方式,行之有效的改进可以大幅度提升企业业务流程的管理效率,从而更好地推动企业战略的落地执行。

表3-1 改进表格

改进方式	原流程	问题点分析	优化后的流程	战略改善点
简化流程	费用报销需员工找部门经理、分管副总、财务经理、总经理等多人签字,然后提交财务审核报销。	审批环节过多,流程烦琐,导致报销周期长,影响员工积极性。	员工线上提交报销申请,由财务部门和一位主要领导审批即可。	利用线上平台简化审批流程,提高报销效率。
整合流程	销售部门独立负责销售,库存管理由仓库部门负责,物流配送由第三方公司负责,三个环节沟通不畅。	部门之间信息不共享,容易出现库存不准确、发货不及时等问题。	将销售、库存管理和物流配送流程整合。销售人员在接到订单后,库存管理系统自动更新库存信息,物流部门根据订单信息及时安排配送。	实现信息共享和协同工作,提高整体运营效率。
增加流程	产品生产完成后直接推向市场。	缺乏质量把控环节,可能导致产品质量参差不齐,影响企业声誉。	产品生产完成后,增加产品质量检测流程,由专门的质量检测部门进行严格检测,合格后再推向市场。	加强产品质量管控,提升企业品牌形象。
调整流程顺序	项目先进行设计、开发,项目后期收集用户反馈进行调整。	后期调整成本高,可能导致项目进度延误。	在项目开发中期进行用户反馈收集,根据反馈及时调整项目方向。	提前收集用户反馈,降低项目调整成本,提高项目成功率。

一般来讲,流程的改进遵循以下七个步骤。

(1)定义流程:明确改进流程的范围、边界、起点和终点,全面审视梳理业务流程,确定各环节输入输出及与其他流程的关系,可与相关人员沟通交流,通过绘制流程图、编写说明文档清晰呈现流程。

(2)收集数据:收集流程时间、成本、质量、客户满意度等数据及间接数据,如市场环境和竞争对手情况,作为评估现状和发现问题的依据。

(3)分析流程:运用价值流图、六西格玛方法、精益生产理念和 PDCA

循环找出流程问题、瓶颈和浪费环节,深入分析挖掘数据。

(4)设计改进方案:针对问题提出改进措施和新流程设计,考虑增加资源、优化操作、消除浪费、引入新技术等,充分考虑方案可行性和可操作性,进行风险评估和预案制定。

(5)实施改进方案:按方案调整优化,制订实施计划,明确责任分工,做好沟通培训,密切关注运行情况,及时调整完善。

(6)监控和评估:持续监控改进后的流程,收集数据评估效果,可通过定量数据和定性方法了解运行情况,若效果不理想分析原因并调整。

(7)调整优化:根据评估结果调整优化流程,持续完善,关注外部环境和内部需求适时调整。

以下是一个流程改进的案例,以一家制造企业的生产流程改进为例。

1. 定义流程

(1)选定某产品的生产流程,包括原材料采购、加工、组装、质检和包装出货等环节。首先,与生产部门、采购部门、质检部门和销售部门的相关人员进行深入交流,了解他们在各个环节的具体工作内容和职责。绘制详细的流程图,清晰地展示每个环节的先后顺序和相互关系。明确原材料采购的供应商选择标准、加工环节的工艺要求、组装的操作规范、质检的检验项目和标准,以及包装出货的包装材料和运输方式等。

(2)组织跨部门的研讨会,对初步定义的流程进行讨论和完善,确保流程的定义准确、全面,涵盖了所有关键的活动和决策点。

2. 收集数据

(1)收集与流程相关的各种数据,如流程时间、成本、质量、客户满意度等。针对流程时间,在原材料采购环节,记录从发出采购订单到供应商交货的时间;在加工环节,记录每道工序的实际加工时间和设备的停机时间;在组装环节,记录每个产品的组装工时;在质检环节,记录每件产品的检验时间;在包装出货环节,记录包装和发货的时间。

(2)对于成本数据,统计采购原材料的费用、加工过程中的能源消耗和设备折旧成本、组装工人的工资、质检设备的维护费用以及包装材料的成本等。

（3）在质量方面，记录生产过程中的次品数量和原因，统计产品的一次合格率和返修率。

（4）通过客户满意度调查，了解客户对产品质量、交货期和售后服务的满意度评价。同时，收集客户的投诉和建议，分析客户不满意的主要问题。

（5）此外，关注市场动态和竞争对手的生产效率和成本情况，为评估自身流程的竞争力提供参考。

3. 分析流程

（1）运用上述工具方法，找出流程中的问题、瓶颈和浪费环节。使用价值流图分析，发现原材料在仓库的等待时间过长，非增值活动占比较高。通过六西格玛的统计分析，发现加工环节的产品尺寸偏差较大，超出了控制范围，主要原因是设备精度不够和操作工人未严格按照操作规程执行。

（2）运用精益生产的理念，检查到组装环节存在零部件库存积压的现象，占用了大量资金和存储空间。同时，在质检环节，发现部分检验项目重复，导致检验时间过长，增加了生产成本。

（3）结合 PDCA 循环，对过去几个月的生产数据进行阶段性的分析，发现生产计划的调整不及时，导致部分产品缺货，影响了客户满意度。

4. 设计改进方案

（1）针对分析出的问题，提出具体的改进措施和新的流程设计。对于原材料等待时间过长的问题，与供应商建立更紧密的合作关系，实施准时制（JIT）采购，减少库存。在加工环节，更新设备，提高设备精度，并加强对操作工人的培训和监督，确保严格按照操作规程执行。

（2）对于组装环节的零部件库存积压问题，优化生产计划，采用拉动式生产方式，根据实际需求进行零部件的配送。精简质检环节的检验项目，避免重复检验，同时引入先进的质检设备，提高检验效率和准确性。

（3）建立生产计划的动态调整机制，加强与销售部门的沟通，及时了解市场需求的变化，调整生产计划。

5. 实施改进方案

（1）按照设计好的方案进行实际的调整和优化，确保新流程的顺利推行。制订详细的实施计划，明确每个改进措施的责任人、时间节点和资源需求。组织相关人员进行培训，包括新设备的操作培训、新流程的宣贯和培训等。

（2）在实施过程中，建立项目跟踪机制，定期召开项目推进会，及时解决出现的问题和冲突。例如，在设备更新过程中，遇到安装调试的技术难题，组织技术专家进行攻关，确保设备按时投入使用。

6. 监控和评估

（1）对改进后的流程进行持续监控，收集数据评估改进效果。建立生产数据的统计分析系统，定期收集流程时间、成本、质量和客户满意度等数据，与改进前的数据进行对比，发现生产周期缩短了20%，生产成本降低了15%，产品一次合格率提高了10%，客户满意度提高了12%。

（2）组织内部的评估会议，邀请相关部门的人员对改进效果进行评估和讨论，总结经验教训。同时，通过客户回访和市场调研，了解客户对改进后的产品和服务的反馈。

7. 调整优化

根据评估结果，对流程进行必要的调整和进一步优化。针对个别环节仍然存在的问题，如设备的突发故障导致生产停滞，进一步完善设备维护计划，增加备件储备。持续关注市场需求的变化和技术的发展，不断优化生产流程，提高企业的竞争力。

通过以上流程改进的方法和步骤，该企业成功提升了生产效率，降低了成本，提高了产品质量和客户满意度，在市场竞争中取得了更有利的地位。

流程的改进也是需要成本的，企业在改进业务流程的过程中，要兼顾成本问题，此外高度繁荣的互联网，催生了不少专门服务企业流程的线上管理软件、App流程工具等，采用这些工具对现有流程进行改良是不少企业的普遍做法，钉钉、ERP等对于提高流程效率是非常立竿见影的。

对于自身不具备改进业务流程能力的企业，可以通过聘请顾问、与专业管理公司合作购买服务等多种方式来实现调整业务流程、提高管理效率、提升战略执行力的目的。

通过以上的优化，企业可以通过找到流程创新改善点，来修订公司的战略发展方向。

CTQ：把客户需求转化为创新点

除了流程创新优化外，外部的声音：客户的需求，尤其是客户需求得不到满足更是企业需要创新改善的地方。

在大多数时候，不管是提供什么产品或服务的企业，其直接面对的客户需求都是模糊的、抽象的。即便是消费者本人，很多时候也无法清晰、完整地描述自己的需求，说不清自己最渴望的商品是什么样子，往往只有见到所需商品或服务时，才会发出"我想要的就是这样"的惊叹。

这种需求上的模糊性，使得企业与客户之间总是会存在一定的差距，一般来说，这个差距越小，越能够让客户满意，企业的战略目标也就越容易达到。那么，如何把客户模糊的需求转化为企业实际战略指标呢？这是一个问题，对于很多企业来说，也是一个难点。

CTQ，英文全称是 Critical-To-Quality，也就是品质关键点。"射人先射马，擒贼先擒王"，抓住品质关键点，就可以更好地把客户需求转化为可量化的指标，且能够有效缩小市场需求与可量化指标之间的差距。对于企业而言，精准确定 CTQ 乃是确保产品或服务质量达标的关键步骤。CTQ 通常代表着客户最为关注的产品或服务的特性，这些特性对客户的体验和满意度有着直接且重大的影响。例如，在电子产品制造领域，高清晰的屏幕分辨率能为用户带来极致的视觉享受，长久的电池续航时间则确保了设备在使用过程中的便利性，这些特性无疑都是 CTQ 的重要体现。而在餐饮服务行业中，美味可口的食品口味能让顾客流连忘返，严格的卫生状况则给予顾客安全放心的用餐环境，它们同样也是 CTQ 的关键所在。

CTQ 是在六西格玛管理中经常被提到的一个重要概念。要想深入理解

CTQ，我们就一定要对六西格玛管理有一个基本认知。

1986年，摩托罗拉的工程师比尔·史密斯提出了六西格玛（Six Sigma）。西格玛，实际上是希腊字母 σ，是统计员经常使用的一个符号，指标准偏差。当时，一般企业的瑕疵率通常在3个到4个西格玛，以四西格玛为例，意思也就是说每100万个机会里，有6210次误差。那么，六西格玛意味着什么呢？即在每100万个机会里，只有3.4个瑕疵。换句话说，六西格玛已经无限趋近于完美，达到这一标准的企业几乎能够完美达成客户需求。

六西格玛，这种管理策略一经提出，就非常有效地带动了摩托罗拉产品质量的大幅提高，同时还实现了成本的大幅降低，结果显而易见，不仅让财务成效获得有力提升，还极大地增强了企业的市场竞争力，可以说，六西格玛管理给企业带来了新的突破。

六西格玛的核心在于强调通过制定极高的目标、收集数据和对结果进行分析，来有效减少产品和服务的缺陷，最终实现企业战略目标。

如果说六西格玛是一种无限趋于完美满足客户需求的管理工具，那么CTQ就是把客户需求转化为可量化指标的关键点。

CTQ即品质关键点，简单来说，就是企业为客户提供的产品或服务必须满足其要求的品质特征。只有抓住关键、重要的品质特征，才能真正把客户的模糊需求转化为可量化指标，六西格玛管理才能真正发挥出巨大作用（见图3-2）。

CTQ 树图：
将关键客户要求层层展开，转化为可量化的项目输出指标

驱动器 → 客户描述 → 客户需求 → 输出指标 → 规格

举例

步骤：
① 识别客户
② 识别客户需求
③ 识别第一层客户需求
④ 逐层细化到适当的层次
⑤ 确认这些要求，以确保CTQ树图反映客户需求
⑥ 将客户需求翻译为可量化的指标

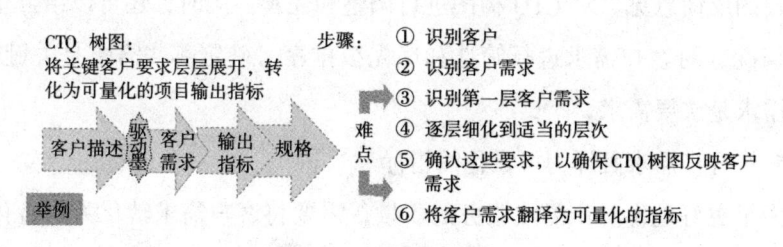

难点

图3-2 六西格玛图示

那么，企业怎样才能找出品质关键点呢？

1. 识别客户

明确企业的目标客户群体至关重要。这包括了解客户的特征、行为习

惯、购买决策因素等。例如，对于一家电子产品制造商来说，客户可能包括普通消费者、企业用户等不同群体。通过市场调研、数据分析等手段，可以准确地识别出企业的主要客户。

2. 识别客户需求

了解客户的需求是确定品质关键点的基础。客户需求可以分为功能性需求和情感性需求。功能性需求是指产品或服务必须具备的基本功能，如手机的通话功能、相机的拍照功能等。情感性需求则是指客户在使用产品或服务过程中所感受到的情感体验，如舒适感、安全感、成就感等。通过问卷调查、访谈、焦点小组等方式，可以深入了解客户的需求。

3. 进一步识别第一层客户需求，并逐层细化到适当层次

在识别客户需求的基础上，进一步对需求进行细化。可以将客户需求分为不同的层次，从宏观的需求逐步细化到具体的、可操作的需求。例如，对于手机的拍照功能，第一层需求可能是"拍照清晰"，进一步细化可以包括"像素高""对焦快""色彩还原度好"等。通过这种方式，可以更加全面地了解客户的需求，为确定品质关键点提供更详细的依据。

4. 确认这些要求以确保 CTQ 树图反映客户需求

在细化客户需求后，需要对这些需求进行确认，确保 CTQ 树图能够准确地反映客户需求。可以通过与客户进行沟通、邀请客户参与评审等方式，收集客户的反馈意见，对 CTQ 树图进行调整和完善。同时，还可以结合企业的实际情况，对客户需求进行筛选和优先级排序，确定哪些需求是关键需求，哪些需求是次要需求。

5. 将客户需求翻译为可量化的指标

为了更好地衡量产品或服务的质量，需要将客户需求转化为可量化的指标。例如，将"拍照清晰"转化为"像素不低于 [具体数值]""对焦时间不超过 [具体时间]"等指标。通过量化指标，可以更加客观地评估产品或服务的质量，为企业的质量管理提供明确的目标和标准。

以下是用 CTQ 改善战略侧重点的案例。

表3-2 CTQ改善战略侧重点的案例

CTQ步骤	具体内容	以一家智能手机制造公司为例	战略改善点
识别客户	明确企业的目标客户群体，了解客户特征、行为习惯、购买决策因素等。	客户包括年轻时尚的学生群体、商务人士等。学生群体追求外观时尚、娱乐功能强、价格亲民；商务人士注重性能稳定、安全可靠、与办公软件兼容性好。	利用SWOT分析： -优势：公司在技术研发方面有一定实力，可以针对不同客户群体定制化产品。 -劣势：对学生群体的市场推广力度不足。 -机会：学生市场增长潜力大。 -威胁：竞争对手在学生市场的竞争加剧。 战略改善点：加大对学生群体的市场调研，深入了解其需求变化，制定有针对性的营销策略，如举办校园活动、与学生社团合作等，提高品牌在学生群体中的知名度。
识别客户需求	分为功能性需求和情感性需求。功能性需求是产品基本功能，情感性需求是使用中的情感体验。	功能性需求：学生需要高像素拍照、强大游戏功能、长续航；商务人士需要安全加密、快速处理速度、稳定信号接收。情感性需求：学生希望外观时尚独特，商务人士期望外观稳重专业。	利用SWOT分析： -优势：公司的研发团队能够快速响应客户需求。 -劣势：在情感性需求满足方面缺乏创新。 -机会：消费者对个性化产品的需求增加。 -威胁：竞争对手在情感设计方面的投入加大。 战略改善点：加强与设计团队的合作，引入时尚元素和个性化设计，满足学生群体对外观时尚独特的需求。同时，提升产品的安全性能和稳定性，满足商务人士的情感需求。
进一步识别第一层客户需求，并逐层细化到适当层次	在识别客户需求基础上细化，从宏观到具体可操作需求。	拍照功能，学生第一层需求"拍照清晰好看"，细化为像素不低于[X]、色彩鲜艳真实，有多种美颜滤镜和创意拍摄模式；商务人士第一层需求"拍照清晰准确，便于记录工作场景"，细化为像素高且对焦快，色彩还原度好，能拍摄文档并自动矫正变形。	利用SWOT分析： -优势：技术实力强，能够实现需求细化后的技术要求。 -劣势：成本控制方面可能面临压力。 -机会：新技术的出现可以提升产品性能。 -威胁：竞争对手可能更快地推出类似功能。 战略改善点：优化产品设计和生产流程，降低成本。同时，积极关注行业新技术，及时引入产品中，保持技术领先优势。

续表

CTQ步骤	具体内容	以一家智能手机制造公司为例	战略改善点
确认这些要求以确保CTQ树图反映客户需求	与客户沟通、邀请客户参与评审，收集反馈意见，调整完善CTQ树图，筛选和优先级排序需求。	向学生和商务人士展示CTQ树图，根据反馈调整。结合公司实际情况，对于学生群体优先满足娱乐功能需求，对于商务人士优先满足安全和办公性能需求。	利用SWOT分析： -优势：有良好的客户沟通渠道。 -劣势：反馈处理速度有待提高。 -机会：客户参与度提高可以提升产品竞争力。 -威胁：竞争对手可能更好地满足客户需求。 战略改善点：建立高效的反馈处理机制，及时根据客户意见调整产品和服务。同时，通过客户参与评审，提前了解市场需求，优化产品规划。
将客户需求翻译为可量化的指标	将客户需求转化为可量化指标，更好衡量产品质量。	学生群体拍照功能量化指标为像素不低于 [X1]，美颜滤镜不少于 [Y1] 种，创意拍摄模式有 [Z1] 种；商务人士拍照功能量化指标为像素不低于 [X2]，对焦时间不超过 [具体时间 T1]，色彩还原度误差在 [具体范围 W1] 之内，文档拍摄自动校正准确率不低于 [具体百分比 P1]。	利用SWOT分析： -优势：量化指标明确，便于质量控制。 -劣势：在指标达成过程中可能面临技术难题。 -机会：行业标准的提升可以推动公司进步。 -威胁：竞争对手可能更快地达到更高的指标。 战略改善点：加大技术研发投入，攻克技术难题，确保量化指标的达成。同时，关注行业标准变化，及时调整指标，保持竞争力。

通过关键改进和创新修订战略方向

来自内部流程的声音，来自外部客户的声音。在倾听这两种声音的基础上，企业可以结合前期设计的核心战略方向，对其进行有效修订。

1. 总结核心诉求

企业在倾听两种声音时，往往其中一个声音就可以提炼为多条诉求。集中力量才能办大事，当诉求过多时，将其过多的诉求一一分拆到执行层面，那么必然会出现"贪多嚼不烂"的情况，本想着一下子解决所有问题，那么结果常常是哪个问题都没有解决掉。因此，这就要求企业在倾听两种声音时，一定要高度总结核心诉求，把每个声音获得的核心诉求限定在2~3条，两种声音总诉求在5~8条为宜。企业可以根据自身的实际情况，来综合确定核心诉求的数量，总的原则是适量，核心诉求过多，会大大降低执行效率，核心诉求过少，则其对应的组织绩效不会有多少改变，甚至在一线执行者看来，改变可以忽略不计，那么就难以调动起全员的执行主动性、积极性，也难以引起全员的重视。

那么如何总结核心诉求呢？

第一步：听清并记录其声音。以客户声音为例，在倾听客户声音时，并不是听完就结束了，倾听过程也是一个记录的过程，要把客户的重要声音记录下来，如"除草机的启动不好""经常等待通话或与无关的人通话""使用不方便"等。

第二步：对声音背后的需求进行挖掘。同样以客户声音为例，客户说"除草机的启动不好"，其深层次的需求是"希望除草机启动更快"；客户说"经常等待通话或与无关的人通话"，其深层次的需求是"希望尽快与负责人联系上，并说明情况"；客户说"使用不方便"，其深层次的需求是"希望操作方便"。要懂得对客户声音进行深层分析，找到他们的需求点。

第三步：把需求进行细化。"希望除草机启动更快""希望尽快与负责人联系上，并说明情况""希望操作方便"这都是很模糊、难以量化的需求，进行组织绩效设计，就一定要将其量化。要把需求拆解成一个一个可以量化的目标。比如"希望除草机启动更快"，可以拆解为"拉两下除草机电线可以启动，希望除草机的拉力不超过80英磅就可以启动"；"希望尽快与负责人联系上，并说明情况"可以拆解为"客户希望10秒内能与负责人联系上"；"希望操作方便"可以拆解为"容易学到的使用方法，可同时看到几个画面，暗处也可以操作"。如此量化的拆解，就为后续企业组织绩效的设计和考核，提供了细致的可评估标准（见图3-3）。

客户声音（VOC）	客户声音（VOC）	客户声音（VOC）
"除草机的启动不好"	希望除草机启动更快	拉两下除草机电线可以启动，希望除草机的拉力不超过80英磅就可以启动
"经常等待通话或与无关的人通话"	希望尽快与负责人联系上，并说明情况	客户希望10秒内能与负责人联系上
"使用不方便"	希望操作方便	容易学到的使用方法，可同时看到几个画面，暗处也可以操作

图3-3　总结客户核心诉求示意图

2. 与核心战略举措进行关联

倾听两种声音，总结各方声音的核心诉求，其目的是为企业战略服务的。在实际操作过程中，我们一定要明确目的，以免陷入"舍本逐末""丢了西瓜捡芝麻"的旋涡之中。

企业在倾听两种声音得到总诉求后，要与核心战略方向进行关联。与核心战略方向紧密关联的，就要纳入下一阶段组织绩效的设计之中，如与核心战略方向不相关，则暂不处理，也不必生成具体的组织绩效指标。

具体来说，核心诉求与核心战略举措如何进行关联呢？我们可以采用亲和图法来处理这项工作。

亲和图，也叫KJ法，是日本川喜田二郎提出的一种质量管理工具，具体来说，它是一种分组工具，可以对大量创意、某件事的数据资料等根据自然关系整合起来，进行归纳、分类、整理，运用这种方法，可以分析讨论找出解决问题办法的思维导图，用来帮助企业综合评估核心诉求与核心战略举措的关联程度、关联关系等（见图3-4）。

那么，亲和图要如何绘制呢？

第一步：把倾听两种声音得到的核心诉求，分别记录在卡片或者便笺上。

第二步：浏览所有的便笺，根据其记录的信息，寻找似乎相关的卡片或者便笺。

第三步：根据其相关性，对所有卡片或便笺进行分类，不必局限于一定要分成几类，分类的主要依据是卡片与卡片之间或者便笺与便笺之间的关联性，将其分类，直到所有卡片或便笺都完成分类。

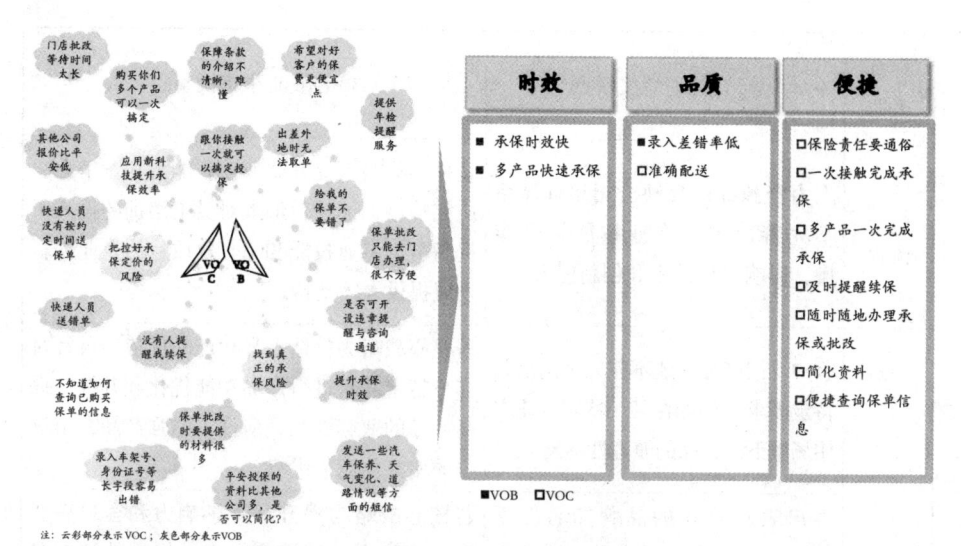

图3-4 常用工具介绍

注：云彩部分表示VOC；灰色部分表示VOB

第四步：汇总整理卡片或便笺。

第五步：把归类的过程进行图形化处理，最终绘制出亲和图。

3. 导出核心改进点

表3-3 核心改进点

声音来源	与战略举措关联点	核心战略举措调整点
内部流程	销售部门反馈市场竞争激烈，客户对价格敏感度高，目前公司产品定价缺乏灵活性，难以在价格战中取得优势。同时，销售团队提出促销活动审批流程复杂，影响活动执行效率。	若核心战略举措为拓展市场份额，可对产品定价策略进行调整，增加价格弹性以适应市场竞争。简化促销活动审批流程，提高销售团队的市场反应速度，从而更有效地开展促销活动，吸引客户，提升市场份额。
	生产部门指出原材料采购成本持续上升，但由于采购流程烦琐，难以快速找到更具性价比的供应商。同时，生产过程中存在部分设备老旧、能耗高的问题，增加了生产成本。	若核心战略是降低成本提高效益，应优化原材料采购流程，扩大供应商选择范围，降低采购成本。对生产设备进行升级改造或合理更新，降低能耗，提高生产效率，实现成本控制目标。

续表

声音来源	与战略举措关联点	核心战略举措调整点
内部流程	人力资源部门反映公司培训体系不完善，员工专业技能提升缓慢，影响工作效率和创新能力。	若核心战略为提升企业创新能力和竞争力，应完善培训体系，加大对员工培训的投入，提高员工专业技能和综合素质，为企业创新发展提供人才支持。
客户	客户反馈产品功能不能完全满足其特定需求，例如在某一特定行业应用场景下，产品的兼容性不足。	若核心战略为打造差异化产品优势，可针对客户特定需求进行产品功能优化和升级，提高产品的兼容性和适应性，增强产品在市场中的差异化竞争优势。
客户	客户表示公司的品牌知名度不高，在选择产品时容易忽略该品牌。同时，客户希望能够增加产品的售后服务内容，如延长质保期等。	若核心战略为提升品牌影响力和客户满意度，应加大品牌推广力度，提高品牌知名度。丰富售后服务内容，如延长质保期、提供更多增值服务等，提升客户满意度和忠诚度，进而提升品牌影响力。
客户	客户反映产品的用户界面不够友好，操作复杂，学习成本高。同时，客户提出希望公司能够提供更多的产品使用教程和技术支持。	若核心战略为提升客户体验和产品竞争力，应优化产品的用户界面，使其更加简洁、易用。制作详细的产品使用教程，提供及时有效的技术支持，降低客户的学习成本和使用难度，提高客户对产品的满意度和忠诚度，从而增强产品在市场中的竞争力。

企业通过两种声音得到的核心诉求，在通过亲和图的梳理分组之后，就可以得到与企业核心战略举措密切相关的诉求，针对这些诉求，在企业的每一级组织层面进行拆解，就可以导出战略核心改善点。

# 第三部分　解码

将核心策略转换为可以考量的指标，想要得到什么就考核什么，让努力有方向，让成果可量化。

第四步　解码核心指标：找出企业的核心战略举措

用战略地图描绘成功的路径

通过战略方向聚焦、商业模式构建、创新改进梳理，我们基本上可以结合内外部的情况锚定企业的主要战略方向和核心价值业务。但是这远远不够，我们需要将这些梳理出来看似"百废待兴"的战略方向点进行体系化，并且找到目前"性价比"最高的战略举措，让组织内的资源从上到下保持协调一致，好钢用在刀刃上。所以我们就需要一个有效的工具来将前三个步骤梳理出来的方向性内容解码成可以执行的具体的指标性内容，从而才能确保战略有效落地（见图4-1）。

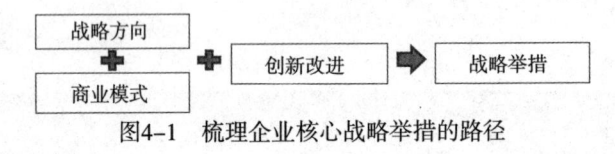

图4-1　梳理企业核心战略举措的路径

战略地图作为一种强大的战略管理工具，对于企业的发展具有极其重要的价值和意义。

在当今复杂多变的商业环境中，企业需要对自身所处的内外部市场进行深入分析，包括对竞争对手的研究、市场趋势的洞察，同时也要对客户的需求、偏好和行为进行细致的剖析。经过了这些全面且深入的内外部市场分析、客户分析等判断后，企业往往会获取大量的信息和数据。然而，如何将这些分散的因素有机地结合起来，形成一套系统、连贯且具有可操作性的战略举措，是企业面临的关键挑战。那这个时候，战略地图就可以发挥其独特的作用了。

战略地图将企业价值创造可视化、系统化、因果协同，为企业的发展提供了清晰而有力的指引。

首先，战略地图在可视化方面，以直观形象方式展现企业价值创造过程，通过图形、图表和色彩整合战略目标、关键流程、资源配置及绩效指标等要素，如用不同颜色形状区分业务板块、箭头表示流程走向关系，降低理解沟通成本，让各方迅速把握核心战略及自身位置作用。

其次，在系统化方面，将企业各部分和环节视为整体系统，不局限于局部优化，从整体出发考虑要素协同整合，涵盖财务、客户、内部流程、学习与成长等维度，展示维度间关系，如优化内部流程提升客户满意度进而促进财务业绩，明确学习与成长方面的投入改进，有助于企业避免片面短视决策，实现整体最优发展。

最后，在因果协同方面，揭示企业价值创造的因果关系，明确战略举措逻辑联系，指出因与果、驱动因素与结果指标，如增加研发投入和提升员工技能水平是因，推出创新产品和提高客户满意度是果，能让企业精准制定战略、合理配置资源，推动价值创造，遇到问题也可迅速找到根源并调整改进。

正如比尔·盖茨所说："创办一个公司就像建立一座大厦，没有蓝图，就不可能顺利地施工，谁都不能在没有蓝图的情况下施工。"企业的战略地图实际上就充当了"蓝图"的角色，正确绘制企业的战略地图，直接关系着"大厦"能否成功建成、建成后是否牢固。

战略地图通常包含以下四个层面。

1. 财务层面

这一层面重点关注企业的财务绩效表现。它涵盖了企业在盈利能力、资产回报率、股东价值等方面的状况。具体而言，企业需要设定一系列与财务相关的明确目标和可衡量的指标，例如实现收入的显著增长，通过有效的成本管理策略来降低运营成本，优化资金配置以提高资金的利用效率，提升资产的回报率从而增加股东的价值等。在财务层面，企业不仅要追求短期的财务成果，如季度盈利和现金流的稳定，还要考虑长期的财务健康和可持续发展，例如投资于具有潜力的新业务领域以创造未来的盈利增长点（见图4-2）。

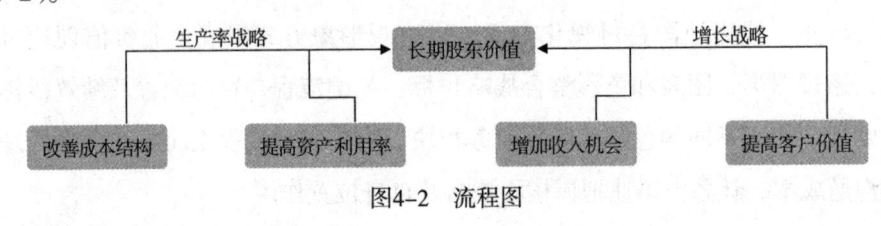

```
           生产率战略              长期股东价值              增长战略
      ┌──────┴──────┐                                 ┌──────┴──────┐
  改善成本结构    提高资产利用率              增加收入机会      提高客户价值
```

图4-2　流程图

2. 客户层面

此层面着重于满足客户的需求和期望，致力于提高客户的满意度、忠诚度，并努力扩大企业在市场中的份额。企业需要深入思考如何吸引新客户、保留现有客户，并提升客户在与企业互动过程中的整体体验。这包括确定清晰的客户获取策略，以有效地将潜在客户转化为实际客户；采取措施确保客户的持续保留，例如提供优质的售后服务和建立客户忠诚度计划；不断监测和提升客户的满意度，通过收集和分析客户反馈来改进产品或服务；以及制定具有竞争力的客户价值主张，使企业在市场中脱颖而出，吸引更多的客户选择并信赖企业的产品或服务（见图4-3）。

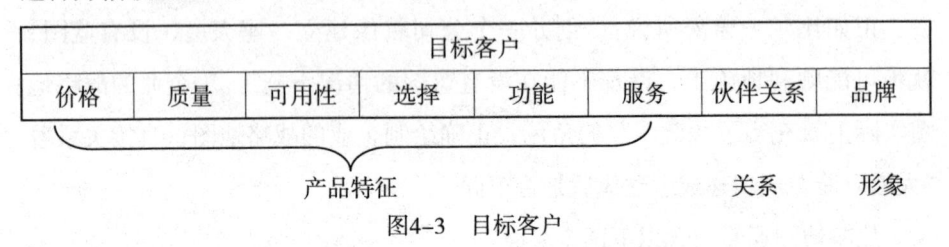

目标客户								
价格	质量	可用性	选择	功能	服务	伙伴关系		品牌
产品特征						关系		形象

图4-3　目标客户

3. 内部流程层面

这一层面强调优化企业内部的关键业务流程，以支持客户价值主张的实现，并最终达成财务目标。内部流程涵盖了从产品的研发设计、原材料的采购、生产制造的运营管理，到产品的销售和售后服务等一系列环节。企业需要对这些流程进行全面的审视和改进，以提高其效率和质量。例如，在产品研发流程中，加快新产品的推出速度，以满足市场的快速变化和客户的新兴需求；在生产运营流程中，通过引入先进的生产技术和管理方法，降低次品率，提高生产效率，降低生产成本；在售后服务流程中，建立高效的客户响应机制，及时解决客户的问题，提高客户的满意度和忠诚度（见图4-4）。

运营管理	客户管理流程	创新流程	法规与社会流程
供应	选择	机会识别	环境
生产	获得	R&D 组合	安全与健康
分销	保持	设计/开发	招聘
风险管理	增长	上市	社区

图4-4 流程图

4.学习与成长层面

这一层面主要聚焦于企业的无形资产，包括员工的能力和素质、企业内部的信息系统以及组织文化等方面。它旨在促进员工的个人发展和专业技能的提升，建立健全的知识管理和分享体系，以积累和传承企业的智慧和经验，同时营造鼓励创新和持续学习的组织文化氛围，从而推动企业在其他层面的不断改进和发展。例如，为员工提供丰富多样的培训和发展机会，帮助他们提升专业技能和综合素质，以适应企业不断变化的业务需求；投资建设先进的信息系统，提高企业内部的信息流通和数据处理能力，为决策提供有力支持；培育积极向上、鼓励创新和勇于尝试的组织文化，激发员工的创造力和工作积极性，使企业能够灵活应对市场的挑战和机遇（见图4-5）。

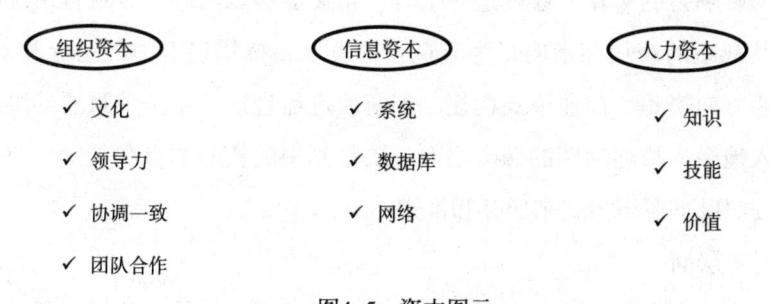

组织资本	信息资本	人力资本
✓ 文化	✓ 系统	✓ 知识
✓ 领导力	✓ 数据库	✓ 技能
✓ 协调一致	✓ 网络	✓ 价值
✓ 团队合作		

图4-5 资本图示

这四个层面相互关联、相互影响，共同推动企业战略的有效实施和发展。财务层面是企业追求的最终成果表现，客户层面是实现财务目标的基础，良好的客户体验和满意度有助于提升企业财务绩效。内部流程层面是支持客户层面目标达成的关键，高效优质的内部流程能够满足客户需求。学习与成长层面为内部流程的优化和客户层面的满足提供动力，员工能力提升、信息系统完善和积极的组织文化有助于改进内部流程和更好地服务客户，最终实现财务目标（见图 4-6）。

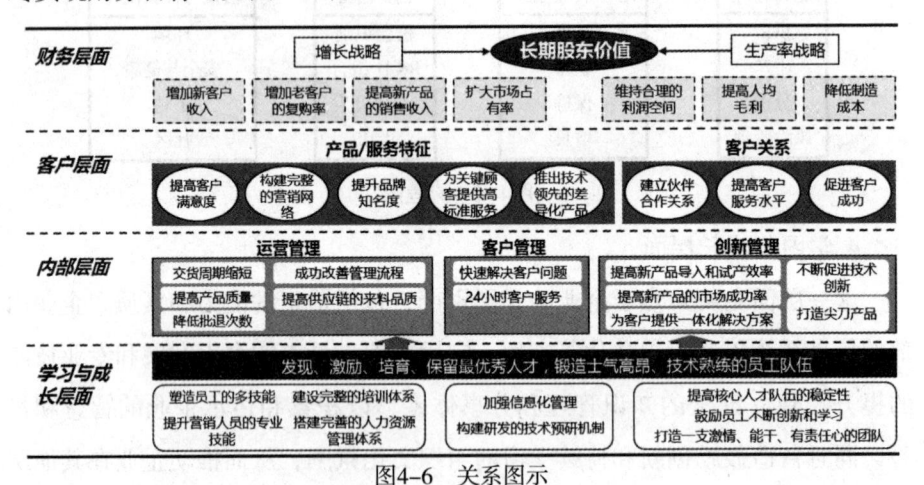

图4-6 关系图示

通过前面三个步骤：战略方向聚焦、商业模式构建、创新改进梳理，我们基本上可以结合内外部的情况锚定企业的主要战略方向和核心价值业务，如何将这三个维度结合到战略地图中去实现战略定位。

在企业战略规划与实施的过程中，绘制战略地图工具是一项极为关键且具有深远影响力的工作。通过这一工具，企业能够以清晰、直观且系统的方式展现其战略的布局和走向，为实现长期发展目标提供有力的指导和支撑。而将战略方向聚焦、商业模式构建、创新改进梳理这三个至关重要的维度巧妙且深入地融入战略地图的四个层面，更是其中的核心要点和关键环节，具体可以按照以下逻辑方式来展开和推进。

1. 财务层面

（1）战略方向聚焦：清晰而明确地确立财务战略的核心目标是至关重要的。这需要深入思考企业的财务追求，究竟是着眼于短期内获取高额利润，迅速实现资金的回笼和积累；还是侧重于长期的可持续增长，通过稳健的投资和战略布局，为企业打造长期稳定的盈利基础。同时，精准地确定关键的财务指标，如净利润这一直接反映企业盈利能力的核心指标、投资回报率用于衡量投资效益、经济增加值（EVA）体现企业为股东创造的价值等，并紧密地将这些指标与所确定的战略方向相互关联。例如，如果战略方向是短期高利润，那么可能会更侧重于成本的严格控制和高利润产品的重点推广，相应的财务指标也会围绕这些策略进行设定和监控。

（2）商业模式构建：深入分析现有商业模式在财务方面的可持续性是必不可少的环节。这包括对收入来源的全面审视，判断其是否呈现多元化的态势，能否有效抵御市场波动和单一业务风险；同时对成本结构进行合理性评估，探究各项成本的支出是否与企业的价值创造相匹配。在此基础上，思考如何通过商业模式的创新来进一步优化财务表现。例如，探索开展全新的盈利业务领域，挖掘潜在的市场需求和利润增长点；或者对现有的成本管理模式进行深度优化，采用精细化成本核算和成本控制手段，降低不必要的开支，提高资源利用效率。

（3）创新改进梳理：持续不断地在财务领域探寻创新的机会是推动企业财务发展的重要动力。这可能体现在引入新颖的财务管理工具或方法，如运用大数据分析进行财务预测和风险评估；或者对传统的预算编制和成本控制流程进行改进和革新，采用滚动预算、零基预算等先进方法，提高预算的准确性和灵活性，加强成本控制的有效性和精细化程度，从而显著提升财务效率和效益，为企业创造更大的价值。

2. 客户层面

（1）战略方向聚焦：精准地确定目标客户群体是企业战略成功的关键起点。这需要深入了解不同客户群体的特征、需求和期望，通过市场细分和客户画像等手段，清晰地勾勒出企业的核心客户群体。同时，明确在客户服务和满意度方面的战略重点：是侧重于快速响应客户需求，还是提供超预期的服务体验？在此基础上，设定与客户密切相关的关键目标，如客户满意度这一直接反映客户对企业产品或服务满意程度的指标、客户保持率衡量客户对企业的忠诚度、市场份额体现企业在市场中的竞争地位等。

（2）商业模式构建：深入思考如何通过创新的商业模式来显著提升客

户价值是赢得市场竞争的重要策略。这可能包括提供高度个性化的产品或服务，满足客户的独特需求，从而在激烈的市场中脱颖而出；或者建立完善的客户忠诚度计划，通过积分、会员制度等方式，增强客户的黏性和重复购买意愿。同时，对现有客户获取和留存策略的有效性进行全面评估，根据市场变化和客户反馈及时进行优化和改进，确保企业能够持续吸引新客户并保持老客户的忠诚度。

（3）创新改进梳理：积极探索在客户体验、客户关系管理等方面的创新改进措施是提升客户满意度和忠诚度的有效途径。例如，充分利用数字化技术的优势，搭建高效便捷的客户沟通渠道，如社交媒体互动、在线客服等，实现实时、全方位的客户沟通；或者推出新颖独特的客户服务模式，如上门服务、定制化服务等，为客户提供超越常规的服务体验，从而在客户心中树立良好的品牌形象，增强企业的市场竞争力。

3. 内部流程层面

（1）战略方向聚焦：准确识别能够有力支持战略实现的关键内部流程是提升企业运营效率和质量的重要前提。这包括对产品研发流程的精心规划，确保新产品能够及时满足市场需求和技术发展趋势；对生产流程的优化设计，提高生产效率、降低生产成本、保证产品质量的稳定性，以及对供应链管理流程的有效整合，实现原材料采购、生产计划、库存管理和产品配送的高效协同。同时，明确各个流程优化的重点和目标，例如缩短产品研发周期、提高生产过程的一次合格率、降低供应链成本等，确保内部流程能够为企业的战略实施提供坚实的支撑。

（2）商业模式构建：审慎审视现有商业模式下的内部流程是否高效协同、是否能够有力支持创新的业务模式是企业适应市场变化和实现战略转型的关键环节。这需要对各个流程之间的衔接和配合进行深入分析，查找可能存在的流程断点和协同障碍。在此基础上，重新设计和整合内部流程，打破部门壁垒，实现信息的无缝流通和资源的优化配置，以适应新的商业模式需求。例如，在推行个性化定制生产的商业模式下，需要对生产流程、供应链流程和客户服务流程进行全面整合和优化，实现从客户需求获取、产品设计、生产制造到交付的快速响应和高效协同。

（3）创新改进梳理：持续不断地挖掘内部流程中的创新点和改进空间是提升企业核心竞争力的重要途径。这需要积极引入先进的管理理念和技术，如精益生产理念强调消除浪费、优化流程，敏捷开发方法注重快速响应市场变化、提高开发效率等，以提升流程的灵活性和适应性。同时，建立常态化的流程优化机制，鼓励员工积极参与流程创新和改进活动，形成全员创新的良好氛围，推动企业内部流程不断优化和升级。

4. 学习与成长层面

（1）战略方向聚焦：明确为实现战略目标所必需的员工能力和组织能力是企业持续发展的根本保障。这需要对不同岗位和层级的员工能力进行全面评估，确定在专业技能、领导力、团队协作能力等方面的具体需求。例如，对于研发团队，可能需要具备深厚的技术专业知识和创新能力；对于管理层，需要具备卓越的领导力和战略眼光；对于跨部门项目团队，需要具备良好的团队协作和沟通能力。在此基础上，制订系统的人才发展和组织能力提升计划，包括培训课程、实践锻炼、导师辅导等多种方式，确保员工能够不断提升自身能力，适应企业战略发展的需求。

（2）商业模式构建：评估现有团队和组织架构是否能够适应商业模式的变革是企业实现战略转型的关键因素。这需要对团队的创新能力、应变能力和执行能力进行全面考察，判断其是否能够在新的商业模式下迅速响应市场变化、推动业务创新和高效执行战略决策。同时，积极培养创新和变革管理的能力，通过组织变革、文化重塑等手段，打造适应创新和变革的组织环境。例如，在推行数字化转型的商业模式变革中，需要培养员工的数字化思维和技能，调整组织架构以适应快速变化的业务需求，建立鼓励创新和冒险的企业文化，推动企业在新的商业模式下实现可持续发展。

（3）创新改进梳理：高度关注员工培训和发展体系的创新是激发员工潜力和提升组织创新能力的重要手段。这包括引入在线学习平台、虚拟现实培训等新型培训方式，提高培训的便捷性和效果；建立内部创业机制，鼓励员工提出创新的商业想法并给予相应的资源支持，激发员工的创新热情和创业精神。同时，积极推动组织学习和知识管理，建立知识共享平台和学习社区，促进员工之间的经验交流和知识传播，形成持续学习和创新的组织文化，为企业的战略发展提供源源不断的动力。

通过在战略地图的四个层面全面、深入、系统地综合考虑战略方向聚焦、商业模式构建、创新改进梳理这三个维度，企业能够制定出更加科学、合理、有效的战略举措，确保企业的战略能够扎实落地，并在复杂多变的市场环境中实现可持续的发展，不断提升企业的核心竞争力和市场价值。

如何绘制战略地图

那么，具体来说，企业的战略地图究竟要怎么绘制呢？

绘制企业战略地图可按照以下步骤进行。

一、确定企业的财务目标

企业的财务目标通常表现为特定时期内的收入预期。对于股份制企业而言，股东对企业未来的收入期望即为财务目标。例如，若股东期望3年后实现9000万元销售收入，而当前企业销售收入仅为2000万元，那么这7000万元的差距就是企业的总体财务目标。

二、调整客户层面目标

1. 分析现有客户

对现有客户进行深入分析，了解他们的需求、偏好和行为模式。

2. 调整客户价值主张

市场上的客户价值主张主要分为四类，包括追求总成本最低、强调产品创新和领导、提供全面一站式解决方案以及系统锁定。企业应根据自身客户实际情况，确定合适的客户价值主张调整策略，以更好地实现财务目标。

三、确定价值提升时间表

1. 制定明确时间表

企业要达成财务目标，必须制定清晰的价值提升时间表。例如，若计划在 3 年内将销售收入从 2000 万元提升到 9000 万元，需明确第一年、第二年和第三年的销售收入目标。

2. 细化目标

将大目标拆解为小目标，可进一步细化到每半年、每季度，确保目标更具可操作性。

四、确定战略主题

1. 找出关键流程

战略主题即企业的内部流程层面，需从内部流程中找出关键流程，包括运营管理流程、客户管理流程、创新流程和社会流程。

2. 明确短期、中期、长期任务

从短期、中期、长期三个维度确定企业在各个关键流程上分别要做的事情。

五、提升战略准备度

1. 分析无形资产

主要分析企业现有的人力资本、信息资本和组织资本等无形资产。

2. 判断支撑能力

通过对无形资产的分析，判断企业是否具备支撑关键流程的能力。

3. 提升能力

若企业暂不具备支撑关键流程的能力，须想办法提升。

六、形成行动方案

1. 制订行动方案：根据前面确定的企业战略以及相对应的不同目标、指标和目标值，综合制订一套行动方案。

2. 配备资源：为实现目标配备所需的相关资源，最终形成预算。

绘制企业战略地图能够帮助企业领导者更清晰地传达企业未来的战略意

图和发展规划路径，实现以战略地图为载体，沟通战略、达成共识、凝聚人心的目标。

以下是一个电商公司绘制战略地图的案例。

一、公司背景

某电商公司主要从事时尚服装的线上销售。经过几年的发展，公司在市场上有了一定的知名度，但也面临着激烈的竞争和增长瓶颈。随着消费者需求的不断变化和市场竞争的加剧，公司需要制定新的战略来实现可持续发展。

二、绘制战略地图步骤

1. 确定企业的财务目标

经过管理层和股东的深入讨论，结合市场趋势和公司发展规划，确定未来3年的财务目标是将销售收入从当前的3000万元提升到8000万元。具体来说，第一年达到4000万元，第二年达到6000万元，第三年实现8000万元的目标。同时，毛利率和净利润率逐年提高。

为了实现这些目标，公司将采取一系列措施，如优化产品结构、提高客单价、降低运营成本等。例如，通过市场调研和数据分析，推出更多高附加值的时尚服装产品，提高产品的平均售价；加强供应链管理，降低采购成本和物流成本。

2. 调整客户层面目标

对现有客户进行详细分析，包括客户年龄、性别、地域、消费习惯等方面。发现公司的主要客户群体为20~35岁的年轻女性，她们注重时尚、品质和个性化，同时对价格也比较敏感。

调整客户价值主张为提供时尚、品质、个性化的服装产品，同时以合理的价格和优质的服务满足客户需求。具体措施包括：

●加强产品设计和研发，紧跟时尚潮流，推出更多符合年轻女性审美和需求的服装款式。

●严格把控产品质量，建立完善的质量检测体系，确保每一件产品都符合高品质标准。

- 提供个性化定制服务，满足客户对服装尺寸、颜色、图案等方面的个性化需求。
- 优化客户服务流程，提高客户服务响应速度和满意度。例如，建立24小时在线客服团队，及时解决客户提出的问题；推出免费退换货服务，增强客户购买信心。

3. 确定价值提升时间表

为了确保财务目标的实现，公司制定了详细的价值提升时间表。具体如下。

第一年：销售收入达到4000万元。措施包括拓展市场渠道，增加新客户数量；优化产品结构，提高客单价；加强营销推广，提高品牌知名度。

第一季度：销售收入达到800万元。重点工作是开展春季新品促销活动，吸引新客户；优化网站用户体验，提高转化率。

第二季度：销售收入达到1000万元。推出夏季新品，加强社交媒体营销，扩大品牌影响力。

第三季度：销售收入达到1200万元。开展秋季新品推广活动，与时尚博主合作，进行产品推荐。

第四季度：销售收入达到1000万元。推出冬季新品，开展年末大促活动，提高客户复购率。

第二年：销售收入达到6000万元。措施包括深化客户关系管理，提高客户忠诚度；加强供应链管理，降低运营成本；持续创新产品和服务。

第一季度：销售收入达到1200万元。优化客户服务体系，提高客户满意度；加强库存管理，降低库存成本。

第二季度：销售收入达到1500万元。推出新的产品线，满足客户多样化需求；加强与供应商的合作，提高产品质量和供货速度。

第三季度：销售收入达到1500万元。开展会员专属活动，提高会员活跃度和忠诚度；优化物流配送体系，提高配送效率。

第四季度：销售收入达到 1800 万元。推出年末感恩回馈活动，吸引新客户，提高老客户复购率。

第三年：销售收入达到 8000 万元。措施包括拓展国际市场，提高品牌国际化水平；加强数据分析和应用，优化运营决策；持续提升企业核心竞争力。

第一季度：销售收入达到 2000 万元。开展国际市场调研，制订国际市场拓展计划；加强数据分析团队建设，提高数据分析能力。

第二季度：销售收入达到 2200 万元。启动国际市场拓展项目，推出适合国际市场的产品和营销策略；优化网站多语言版本，提高国际客户购物体验。

第三季度：销售收入达到 2000 万元。加强国际物流合作，提高国际配送效率；开展国际市场品牌推广活动，提高品牌知名度。

第四季度：销售收入达到 1800 万元。推出年末国际市场大促活动，提高国际市场销售额；总结国际市场拓展经验，优化国际市场运营策略。

4. 确定战略主题

运营管理流程：优化运营管理流程，提高运营效率和质量。具体措施包括：

●建立完善的订单管理系统，实现订单自动化处理，提高订单处理速度和准确性。

●优化库存管理流程，采用先进的库存管理方法，如 ABC 分类法、JIT 库存管理等，降低库存成本。

●加强物流配送管理，与优质的物流合作伙伴合作，提高物流配送速度和服务质量。

客户管理流程：加强客户关系管理，提高客户满意度和忠诚度。具体措施包括：

●建立客户关系管理系统，对客户信息进行全面管理和分析，了解客户需求和行为习惯，为客户提供个性化的服务和营销方案。

●开展客户满意度调查，及时了解客户对产品和服务的满意度，针对客户反馈的问题及时进行改进。

●建立客户忠诚度计划，如积分制度、会员制度等，鼓励客户重复购买和推荐给他人。

创新流程：持续创新产品和服务，满足客户不断变化的需求。具体措施包括：

- 建立创新研发团队，加强对时尚潮流的研究和分析，推出更多具有创新性和竞争力的服装产品。
- 开展用户体验设计，从客户角度出发，优化产品设计和服务流程，提高客户满意度。
- 鼓励员工创新，建立创新奖励机制，激发员工的创新热情和创造力。

社会流程：积极履行企业社会责任，提高企业的社会形象和品牌价值。具体措施包括：

- 推广环保理念，采用环保材料和生产工艺，减少对环境的影响。
- 参与公益活动，回馈社会，提高企业的社会责任感和品牌美誉度。
- 加强与供应商和合作伙伴的合作，共同推动行业的可持续发展。

5. 提升战略准备度

人力资本：加强人才队伍建设，提高员工的专业素质和综合素质。具体措施包括：

- 招聘和培养一批高素质的电商专业人才，如运营管理、市场营销、数据分析、客户服务等方面的人才。
- 提供培训和发展机会，鼓励员工不断学习和进步，提高员工的专业技能和综合素质。
- 建立完善的绩效考核和激励机制，激发员工的工作积极性和创造力。

信息资本：加强信息化建设，提高信息管理和应用水平。具体措施包括：

- 建立完善的电商平台，优化网站功能和用户体验，提高网站的访问量和转化率。
- 建立数据分析系统，对客户数据、销售数据、运营数据等进行深入分析，为企业决策提供数据支持。
- 加强信息安全管理，保障客户信息和企业数据的安全。

组织资本：优化组织结构，提高组织的灵活性和响应速度。具体措施包括：

● 建立扁平化的组织结构，减少管理层级，提高决策效率和执行速度。

● 建立跨部门协作机制，加强部门之间的沟通和协作，提高工作效率和质量。

● 营造创新文化和团队合作文化氛围，鼓励员工勇于创新和团队合作，提高企业的核心竞争力。

6. 形成行动方案

根据前面确定的企业战略以及相对应的不同目标、指标和目标值，综合制订一套行动方案。具体包括：

市场营销方案：制订详细的市场营销计划，包括线上线下推广、社交媒体营销、内容营销等方面，提高品牌知名度和产品销量。

产品创新方案：加强产品设计和研发，推出更多具有创新性和竞争力的服装产品，满足客户不断变化的需求。

客户服务方案：优化客户服务流程，提高客户服务响应速度和满意度，建立客户忠诚度计划。

供应链管理方案：加强供应链管理，优化采购流程，降低采购成本；加强库存管理，降低库存成本；提高物流配送效率和服务质量。

人才发展方案：制订人才招聘、培养和发展计划，提高员工的专业素质和综合素质，为企业发展提供人才支持。

配备相应的资源，如人力资源、财务资源、技术资源等。制定预算，确保各项行动方案的顺利实施。

三、实施效果评估反馈

通过绘制战略地图并实施相应的行动方案，该电商公司实现了销售收入的稳步增长，市场份额不断扩大，客户满意度和忠诚度也得到了显著提高。同时，企业的创新能力和组织管理水平也得到了提升，为企业的可持续发展奠定了坚实的基础。具体效果如下：

1. 财务方面

销售收入从 3000 万元提升到了 8000 万元，毛利率保持在 35% 以上，净利润率逐年提高。企业的盈利能力和财务状况得到了显著改善。

2. 客户方面

客户满意度达到了95%以上，客户忠诚度提高了32%。企业的品牌知名度和美誉度得到了提升，市场竞争力得到了增强。

3. 内部流程方面

运营管理流程更加优化，订单处理速度提高了12%，库存成本降低了9%，物流配送效率提高了40%。客户管理流程更加完善，客户关系管理系统得到了有效应用，客户满意度调查和客户忠诚度计划得到了有效实施。创新流程更加顺畅，新产品推出速度加快，产品的创新性和竞争力得到了提高。社会流程得到了积极履行，企业的社会形象和品牌价值得到了提升。

4. 学习与成长方面

人力资本得到了有效提升，员工的专业素质和综合素质得到了提高。信息资本得到了加强，电商平台功能更加完善，数据分析系统得到了有效应用。组织资本得到了优化，组织结构更加扁平化，跨部门协作机制更加顺畅，创新文化和团队合作文化得到了营造。

提炼出的核心战略举措如表4-1所示

表4-1 战略举措

维度	指标	具体目标值	核心战略举措	具体措施
财务维度	销售收入	第一年达到4000万元，其中第一季度达到800万元，第二季度达到1000万元，第三季度达到1200万元，第四季度达到1000万元；第二年达到6000万元，季度目标依次为1200万元、1500万元、1500万元、1800万元；第三年达到8000万元，季度目标分别为2000万元、2200万元、2000万元、1800万元。	拓展市场渠道，增加产品品类，提高客单价。	加大市场推广力度，拓展新客户群体；优化产品结构，推出高端产品线；开展促销活动，提高客户购买金额。

续表

维度	指标	具体目标值	核心战略举措	具体措施
财务维度	毛利率	保持在35%以上，第一年达到35.5%，第二年达到36%，第三年达到36.5%。通过优化供应链、降低采购成本等措施，确保毛利率稳定或逐步提升。	降低成本，提高产品附加值。	与供应商谈判，争取更优惠的采购价格；加强品质管理，提高产品售价；优化物流成本，降低运营费用。
	净利润率	第一年增长5%，达到12%，通过控制运营成本、提高销售效率等手段实现；第二年增长8%，达到14%，进一步优化成本结构和拓展高利润产品；第三年增长10%，达到16%，持续提升企业盈利能力。	优化成本结构，提高运营效率。	实施精细化管理，降低各项费用支出；提高库存周转率，减少资金占用；优化营销渠道，提高投入产出比。
客户维度	客户满意度	达到90%以上，第一年达到91%，第二年达到92%，第三年达到93%。通过提升产品质量、优化客户服务流程、及时处理客户反馈等方式不断提高客户满意度。每季度进行客户满意度调查，针对问题及时改进，确保满意度持续提升。	提升产品质量和服务水平。	加强产品质检，确保产品符合高品质标准；优化客户服务流程，提高响应速度；建立客户反馈机制，及时解决客户问题。
	客户忠诚度	提高15%，第一年达到40%，第二年达到45%，第三年达到50%。通过建立会员制度、推出专属优惠活动、提供个性化服务等措施，增强客户黏性和忠诚度。会员复购率在第一年达到60%，第二年达到65%，第三年达到70%。	建立会员体系，提供个性化服务。	推出会员积分制度，鼓励客户重复购买；根据客户需求，提供个性化的产品推荐和服务；定期举办会员专属活动，增强客户黏性。

续表

维度	指标	具体目标值	核心战略举措	具体措施
客户维度	新客户数量	每年增加5000人，第一年增加5000人达到"具体总数1"人，第二年增加5000人达到"具体总数2"人，第三年增加5000人达到"具体总数3"人。通过加大市场推广力度、拓展营销渠道、开展促销活动等方式吸引新客户。第一季度新增客户目标为1000人，第二季度为1200人，第三季度为1300人，第四季度为1500人，逐年保持稳定增长。	拓展市场渠道，加大品牌推广。	利用社交媒体、搜索引擎等渠道进行广告投放；参加行业展会，提高品牌知名度；与网红合作，进行产品推广。
内部流程维度	订单处理速度	提高30%，从当前平均处理时间48小时缩短至33.6小时。第一年缩短至38小时，第二年缩短至35小时，第三年缩短至33.6小时。优化订单管理系统，提高自动化处理程度，加强人员培训，确保订单处理高效准确。	优化订单管理系统，加强人员培训。	引入先进的订单管理软件，实现订单自动化处理；对员工进行业务培训，提高操作技能；建立订单处理监控机制，及时发现和解决问题。
内部流程维度	库存成本降低率	达到20%，第一年达到15%，第二年达到18%，第三年达到20%。通过精准的库存管理、合理的采购计划和销售预测，降低库存积压和缺货风险。采用先进的库存管理方法，如ABC分类法、JIT库存管理等，提高库存周转率。	精准库存管理，优化采购计划。	建立库存预警系统，及时调整库存水平；采用数据分析技术，进行销售预测，合理安排采购；与供应商建立战略合作关系，确保供货稳定。
内部流程维度	物流配送效率	准时送达率达到95%以上，第一年达到93%，第二年达到94%，第三年达到95%。与优质物流合作伙伴合作，优化配送路线和流程，提高配送速度和准确性。建立物流监控系统，及时跟踪订单状态，确保客户及时收到商品。	优化物流配送，加强合作管理。	筛选优质物流供应商，签订合作协议；优化配送路线，提高配送效率；建立物流信息平台，实时跟踪订单状态。

续表

维度	指标	具体目标值	核心战略举措	具体措施
内部流程维度	新产品推出速度	每季度推出50款新品，第一年每季度推出45款，第二年每季度推出48款，第三年每季度推出50款。加强产品设计和研发团队建设，紧跟时尚潮流，满足客户多样化需求。建立市场调研机制，及时了解客户需求和竞争对手的动态，提高新品的市场竞争力。	加强研发团队建设，开展市场调研。	招聘优秀的设计和研发人员，提升团队实力；定期进行市场调研，了解时尚趋势和客户需求；建立快速反应机制，及时推出新品。
学习与成长维度	员工专业素质提升率	达到25%，第一年达到20%，第二年达到23%，第三年达到25%。通过内部培训、外部培训、在线学习等多种方式提升员工专业技能和综合素质。制订员工培训计划，每年培训时长不少于80小时，培训覆盖率达到100%。	开展多元化培训，鼓励员工自我提升。	组织内部培训课程，邀请行业专家授课；鼓励员工参加外部培训和学习活动；建立员工学习激励机制，提高员工学习积极性。
学习与成长维度	信息系统完善度	功能模块增加5个，包括数据分析模块升级、客户关系管理系统优化、库存管理系统自动化等。数据准确性达到98%，第一年达到96%，第二年达到97%，第三年达到98%。建立数据质量监控机制，确保数据的真实性、准确性和完整性。	升级信息系统，加强数据管理。	投入资金升级电商平台和管理系统；建立数据治理体系，确保数据质量；培养数据分析人才，提高数据应用能力。
学习与成长维度	组织创新氛围满意度	达到85%，第一年达到80%，第二年达到83%，第三年达到85%。营造鼓励创新的企业文化氛围，建立创新奖励机制，激发员工的创新热情和创造力。定期组织创新活动和团队建设活动，提高员工对组织创新氛围的满意度。	营造创新文化，开展团队建设。	制定创新激励政策，鼓励员工提出创新想法；组织创新大赛，评选优秀创新项目；开展团队建设活动，增强员工凝聚力和创新活力。

精准识别企业核心战略举措

当战略地图绘制出来后,每个层面的战略举措非常多,如何将资源聚焦在能够给公司带来重大价值的战略举措上,也就是实现企业战略目标的聚焦。一个没有具体战略举措的规划是难以落地执行的。精准识别企业核心战略举措,找出战略执行的核心和重点,对于企业的整个战略落地和执行来说,是至关重要的,可以起到事半功倍的效果。

从战略地图中精准筛选核心战略举措。

一、筛选维度:明确核心价值的指南针

筛选核心战略举措需要综合考虑多个维度,以准确识别那些最具影响力和可行性的行动方向。

(一)战略相关性

这一维度衡量的是举措与企业整体战略目标的契合程度。每项举措都应直接或间接地为实现公司的长期战略愿景作出贡献。例如,如果一家企业的战略目标是在特定市场中成为技术创新的引领者,那么与研发投入增加、尖端技术人才引进以及创新研发流程优化等相关的举措就具有极高的战略相关性。

(二)影响力

考察一项举措对实现战略目标的直接和间接影响程度。具有重大影响力的举措往往能够在市场份额、盈利能力、品牌形象等关键领域带来显著的改变。例如,一个能够使企业在短时间内大幅提升市场占有率,或者显著降低运营成本从而极大提高利润率的举措,无疑在影响力方面表现出色。

(三)可行性

在评估一项举措时,需要考虑其在资源可用性、技术可行性和组织能力等方面的实际可操作性。即使一项举措看似具有巨大的潜力,但如果企业缺乏必要的资金、技术条件或组织内部的支持与协作能力,那么它也难以付诸实践。因此，必须对企业现有的资源状况、技术水平以及团队的执行能力进行客观评估，以确保所选举措具备落地实施的基础。

（四）可持续性

此维度关注的是举措带来的效果是否能够在长期内得以保持和延续。某些短期有效的举措可能在长期内由于市场环境变化、竞争对手的应对或者内部资源的限制而难以持续。相反，那些致力于构建企业核心竞争力、塑造品牌价值、培养长期客户关系以及提升组织创新能力的举措，往往具有更强的可持续性，能够为企业创造持久的竞争优势。

（五）可衡量性

可衡量性要求举措能够通过明确、具体且可量化的指标进行评估和跟踪。例如，"将客户满意度提高10%""在半年内将生产效率提升20%"等就是具有可衡量性的目标。缺乏可衡量性的举措难以准确评估其实施效果和对战略目标的贡献程度。

二、工具方法：科学评估的利器

为了更加客观、准确地从战略地图中筛选出核心战略举措，我们需要借助一系列有效的工具和方法。

（一）加权评分法

这是一种将各个筛选维度进行量化评估，并赋予不同权重以计算综合得分的方法。通过对战略相关性、影响力、可行性、可持续性和可衡量性等维度分别设定权重，然后对每一项潜在的战略举措在各个维度上进行打分，最后将得分乘相应的权重并求和，得到该举措的综合得分。权重的设定应根据企业的战略重点和实际情况进行灵活调整。

例如，假设战略相关性权重为30%、影响力权重为25%、可行性权重为20%、可持续性权重为15%、可衡量性权重为10%；对于一项"加大研发投入以推出创新产品"的举措，在战略相关性上评分为9分（满分10分），影响力评分为8分，可行性评分为7分，可持续性评分为8分，可衡量性评分为7分。则其综合得分 = $9 \times 30\% + 8 \times 25\% + 7 \times 20\% + 8 \times 15\% + 7 \times 10\%$ =

8.0分。

（二）矩阵分析法

矩阵分析法通过构建二维或多维矩阵，将不同的战略举措置于相应的矩阵象限中进行评估。常见的矩阵如影响力—可行性矩阵，将举措根据其在影响力和可行性两个维度上的表现分别划分为高、中、低三个层次，从而形成九宫格矩阵。处于高影响力且高可行性象限的举措通常应优先考虑，而低影响力和低可行性的举措则可能被淘汰。

例如，对于拓展新兴市场渠道这一举措，如果评估认为其影响力大但可行性较低，可以采取进一步的分析和规划，以提高其可行性或调整实施策略；对于"优化内部行政流程以提高效率"这一举措，若其影响力较低但可行性高，则可以根据资源情况和战略优先级决定是否实施。

（三）专家意见法

组织企业内部的领导、业务领域专家、资深管理人员等，对各项战略举措进行深入的评估和讨论。凭借各自丰富的经验、专业知识和对企业内外部环境的深刻理解，能够提供独到而全面的见解。通过集体研讨和综合各方意见，可以更准确地筛选出核心战略举措。

在专家意见法的实施过程中，可以采用德尔菲法等技术，即通过多轮匿名反馈和意见征集，使专家们在不受他人影响的情况下充分表达观点，逐步达成共识。同时，为了提高专家评估的客观性和准确性，可以事先为专家们提供详细的战略地图、举措描述以及相关的市场数据和行业分析报告等资料。

三、流程步骤：有条不紊地筛选路径

筛选核心战略举措是一个系统而严谨的过程，需要遵循一定的流程步骤，以确保筛选结果的科学性和有效性。

（一）准备阶段

1. 深入理解战略地图

对企业制定的战略地图进行全面、深入的解读，包括财务、客户、内部流程、学习与成长等各个层面的目标、关键绩效指标（KPI）以及它们之间

的因果关系。

确保筛选团队成员对战略地图的内涵和战略意图有一致、清晰的认识。

2.组建跨职能筛选团队

从企业的不同部门和业务领域选拔具有丰富经验和专业知识的人员组成筛选团队,涵盖市场营销、财务、运营、人力资源等关键职能。

团队成员应具备战略思维、分析能力和良好的沟通协作能力。

(二)评估阶段

1.详细描述和分析举措

对战略地图中衍生出的各项潜在战略举措进行详细的文字描述,明确其目标、实施路径、预期效果以及可能面临的挑战和风险。

对每个举措进行全面的SWOT分析(优势、劣势、机会、威胁),以更深入地了解其内部和外部环境。

2.运用工具方法评估

综合运用加权评分法、矩阵分析法和专家意见法等工具和方法,从战略相关性、影响力、可行性、可持续性和可衡量性等维度对各项举措进行评估和打分。

收集和整理评估数据,建立评估数据库,为后续的筛选决策提供数据支持。

(三)筛选阶段

1.确定初步清单

根据评估结果,按照综合得分或矩阵象限的分布,初步确定核心战略举措的候选清单。

对清单中的举措进行进一步的分析和比较,剔除明显不符合筛选标准或存在重大风险的举措。

2.讨论和审议

组织筛选团队成员对初步清单进行深入的讨论和审议,充分交流各自的观点和意见。

考虑企业的战略重点、资源约束和风险承受能力等因素,对清单进行调整和优化。

（四）确定和沟通阶段

1. 最终确定和明确优先级

经过充分的讨论和权衡，最终确定核心战略举措的正式清单，并根据其重要性和紧迫性明确实施的优先级。

对于优先级较高的举措，应优先分配资源和制订详细的实施计划。

2. 内部沟通和共识达成

将筛选结果以正式的报告或文件形式向企业内部各部门和全体员工进行沟通和传达。

组织相关的培训和研讨会，确保员工理解核心战略举措的内涵、目标和实施计划，达成广泛的共识和支持。

四、案例：科技公司的核心战略举措筛选之旅

为了更直观地理解上述理论和方法，我们以一家科技公司为例，展示如何从其战略地图中筛选出核心战略举措。

假设这家科技公司制定的战略地图包括以下关键目标：

●在未来三年内将新产品的市场份额提高到30%（财务层面）。

●实现客户满意度达到90%以上（客户层面）。

●缩短产品研发周期50%（内部流程层面）。

●提升员工的技术创新能力（学习与成长层面）。

基于这些目标，衍生出以下潜在的战略举措（见表4-2）。

表4-2 战略举措

战略举措	详细描述	战略相关性	影响力	可行性	可持续性	可衡量性
加大研发投入，招聘顶尖技术人才	计划在未来两年内增加研发资金投入30%，并从行业内引进5名顶尖技术专家，组建核心研发团队，致力于新产品的开发和现有产品的优化升级。	高	高	中	高	高

续表

战略举措	详细描述	战略相关性	影响力	可行性	可持续性	可衡量性
建立客户反馈机制，及时响应客户需求	搭建在线客户反馈平台，设立专门的客户服务团队，确保在24小时内对客户的咨询和投诉做出响应，并将客户意见及时反馈给产品研发和售后服务部门，以持续改进产品和服务质量。	高	中	高	高	高
引入敏捷开发方法，优化研发流程	对现有的产品研发流程进行全面评估，引入敏捷开发理念和方法，组建跨职能的敏捷开发团队，提高研发效率，缩短产品迭代周期。	高	高	中	高	高
开展内部技术培训和交流活动	定期组织内部技术培训课程和技术交流分享会，邀请行业专家举行讲座，鼓励员工参加外部技术培训和认证考试，提升员工的技术水平和创新能力。	中	中	高	中	高

接下来，我们运用加权评分法对这些举措进行评估。假设战略相关性权重为30%、影响力权重为25%、可行性权重为20%、可持续性权重为15%、可衡量性权重为10%，各项举措的评分见表4-3（满分为10分）。

表4-3 各项举措

战略举措	战略相关性	影响力	可行性	可持续性	可衡量性	综合得分
加大研发投入，招聘顶尖技术人才	9	8	7	9	9	8.35
建立客户反馈机制，及时响应客户需求	8	7	9	9	8	8.20
引入敏捷开发方法，优化研发流程	9	9	8	9	9	8.80
开展内部技术培训和交流活动	7	7	9	7	8	7.50

根据综合得分,"引入敏捷开发方法,优化研发流程"和"加大研发投入,招聘顶尖技术人才"这两项举措得分较高,被初步确定为核心战略举措。

经过进一步的讨论和审议,考虑到公司当前的资源状况和市场竞争态势,决定将"引入敏捷开发方法,优化研发流程"列为首要的核心战略举措,优先投入资源并尽快启动实施;"加大研发投入,招聘顶尖技术人才"作为次要核心战略举措,制订详细的招聘和资金投入计划,逐步推进。

同时,公司将筛选结果向全体员工进行了详细的沟通和解释,明确了各部门在这些核心战略举措实施过程中的职责和任务,确保全体员工能够紧密围绕公司的战略目标协同工作,共同推动企业的发展。

通过以上案例,我们可以看到,通过科学的筛选维度、工具方法和流程步骤,能够从复杂的战略地图中精准地筛选出核心战略举措,为企业的战略实施提供明确的方向和有力的支持。

以下是根据上述案例生成的一个简单的操作表格,您可以根据实际情况进一步完善和使用(见表4-4)。

表4-4 操作表格

流程阶段	具体操作	负责人	时间节点
准备阶段	深入解读战略地图	战略规划部门主管	第1周
	组建跨职能筛选团队	人力资源部门主管	第1周
评估阶段	详细描述和分析举措	筛选团队成员	第2周
	运用工具方法评估	筛选团队成员	第3周
筛选阶段	确定初步清单	筛选团队负责人	第4周
	讨论和审议初步清单	筛选团队全体成员	第4周
确定和沟通阶段	最终确定核心战略举措及优先级	公司高层领导	第5周
	内部沟通和达成共识	公司高层领导、各部门负责人	第5周

战略举措并不是凭空而来的,也不是仅靠确定企业的战略方向就可以得到的。明确企业战略方向后,还要结合企业自身的商业模式特征,综合绘制

出战略地图，从而最终形成战略举措（见表4-5）。只有这样的战略举措，才具有高度的可执行意义，才是贴合企业实际情况的举措。

表4-5 战略举措

财务	扩展高利润产业	利润最大化	销售增大	E2E成本降低	资产利用率最大化
客户	市场份额提升	产品价值最大化	提升品牌形象	构建与客户/渠道亲密关系	提高产品质量
内部运作	按时开发符合客户需求的新产品	中低端产品免维护	采购流程效率化	缩短供货周期	SCM优化
学习成长	全球视野人才获取	构建先进企业文化	构筑知识管理体系	构建技术壁垒	IT基础扩大

用 IPOOC 导出核心战略指标

当企业经过深入的分析和研讨，成功制定出核心战略举措后，紧接着关键的一步便是从中精准筛选出核心战略指标。这些指标不仅是衡量战略执行效果的重要标尺，更是引导资源配置和决策制定的关键依据。

接下来面临的关键任务便是如何从中精确地筛选出核心战略指标。这些核心战略指标犹如企业战略实施过程中的指南针和晴雨表，它们不仅仅是用于衡量战略执行效果的重要量化依据，更是在企业资源配置、决策优化以及绩效评估等方面发挥着不可或缺的引领作用。准确而有效的核心战略指标能够清晰地反映出战略举措的推进程度、执行效果以及潜在的问题与机遇，为企业高层提供精准的决策支持，确保企业在复杂多变的市场环境中始终沿着既定的战略方向稳健前行。

管理大师罗伯特·卡普兰曾说："如果战略不能被清晰描述，就不能被具体衡量，不能被衡量就不能被有效管理，不能被有效管理，那么战略就会落空。"聚焦核心战略举措，是保证企业战略有效执行的重要方法。

关键成功因素法是找出企业核心战略的一种有效方法，这种方法诞生于20世纪70年代，最初是由哈佛大学教授 William Zani 提出的，英文是 Key Success Factros，因此这种方法也被简称为 KSF。

关键成功因素法的核心，就是识别关键成功因素，然后找到实现战略目标所需的关键信息集合，最后确定各事项实际执行的优先次序。目前，在企业的实际经营活动中，关键成功因素法是一种应用十分广泛的方法，值得一提的是，不同企业在运用关键成功因素法的过程中，形成了不同的带有企业自身色彩的方法论，这些方法论是经过实践检验的。其中最为出彩或者说对绝大多数企业都有借鉴意义的是华为的 IPOOC。

IPOOC 从 Input、Process、Output 和 Outcome 四个维度对核心战略举措进行展开（见表 4-6）。

表4-6　四个维度要素

IPOOC	CSF构成要素
Input	一般包含资源
Process	从战略的角度看，影响CSF达成的关键活动的过程是什么
Output	从流程视角看流程的直接输出，例如产品或制度或客户满意度
Outcome	从内部视角看收益，例如经济结果、客户感受、品牌增值

Input，简单来说，就是投入的资源、资金等，从企业战略层面来看，就是指要实现核心战略，需要投入哪些资源、多少资金和人力等。一个核心战略的达成，必须要有一定的资源支撑，因此厘清企业内部可供调动的实际资源，摸清家底，对企业战略是否能够达成的准确评估，是非常重要的。

Process，即过程，这里所说的过程，是基于企业核心战略视角的，通过关键成功因素法得到的影响企业战略达成的关键活动，其发生作用的过程是什么。清楚过程，才能更好地对过程施加控制，从而更好地保证战略的实际执行。

Output，意思是输出或产出，这是基于流程视角的一个概念，围绕核心战略进行资源投入，进而对过程进行有效控制和管理干预，然后从流程视角看输出结果，一般来说常见的输出结果有产品品质得到提升、管理效率大幅提高、客户满意度明显改善等。可以说 output 已经是核心战略执行的一部分，是其中的一小步，其输出或产出情况，直接与战略能否达成存在密切联系。输出或产出情况越好，如期达成战略目标的可能性就越大。

Outcome，意为结果或成果，也就是企业从内部视角看到的收益。这里所说的收益，往往是多维度的，经济结果属于收益，比如销售收入增加了多少；客户感受是收益，比如客户投诉率大幅下降、满意度大幅上升；品牌增值也属于收益，比如此前是一个不知名小品牌，如今成了家喻户晓的品牌，这种反映在品牌上的"无形价值"也是Outcome的重要指标。

以华为"有效增长"为战略方向，则我们可以结合企业的实际情况找出企业战略方向体现在运营层面上的目标，进而通过关键成功因素分析法，得到关键成功因素。接下来，就可以运用华为的IPOOC对关键成功因素进行更深层次的拆解，从而最终得到备选的KPI，为核心战略执行的管理和评估提供有力支持。

表4-7 华为KPI考核指标的产生示意

战略方向	战略方向的运营定义	CSF	IPOOC	CSF构成要素	备选KPI
有效增长	中国、中东、非洲、南太、西欧服务格局的形成	提升价值、市场价值	Input	匹配客户需求的解决方案	客户需求包满足率
					技术标排名
				专业的服务拓展人员到位	专家到位率
			Process	规范项目运作管理	流程符合度
				改善客户关系	客户满意度
					SSPR完成率
			Output	获取到的价值客户合同	签单率
				竞争项目的胜利	战略/山头目标完成率
			Outcome	价值市场份额提升	价值市场份额比例
				订货增加	订货
				利润改善	销售毛利率

备选战略举措并不能直接作为企业核心成功要素，还要对所对应具体指标进行区分和筛选，筛选指标是连接战略规划与绩效管理的重要桥梁。通过筛选出合适的指标，可以将宏观的战略目标转化为具体、可衡量、可操作的指标，使得企业能够清晰地了解战略的执行进度和效果，及时发现问题并采取相应的措施进行调整和优化。合适的指标能够引导员工的行为和努力方

向，使员工的工作重点与企业的战略目标保持一致，提高员工的工作效率和绩效水平。同时，指标的筛选也有助于企业合理分配资源，将有限的资源投入到对战略目标实现具有关键影响的领域，提高资源的利用效率和效益。

指标筛选主要应考虑以下四个要素。

1. 战略相关性

所选的指标必须与企业的战略目标紧密相关，能够直接或间接地反映战略目标的实现程度。例如，如果企业的战略重点是提高产品质量，那么与产品合格率、缺陷率等相关的指标就具有较高的战略相关性。

以一家制造业企业为例，如果其战略目标是在一年内将新产品推向市场并占据一定的市场份额，那么与新产品研发周期、市场推广效果、销售增长率等相关的指标就应被优先考虑，而一些与日常生产运营细节相关但对新产品战略影响较小的指标，如原材料损耗率等，可能战略相关性就相对较低。

2. 可测量性

指标应该能够被准确、客观地测量和收集数据。这意味着指标的定义必须清晰明确，数据的来源可靠，测量方法科学合理。

比如，客户满意度是一个常见的指标，但要使其具有可测量性，需要设计具体的调查问卷、明确评分标准，并通过有效的渠道收集足够数量的样本数据。

再如，对于生产线上的设备故障率，需要明确故障的定义、记录故障发生的时间和原因，并通过统计分析得出准确的故障率数据。

3. 可控性

负责实现该指标的部门或员工应该对指标的结果有一定的控制能力。如果某个指标受到大量外部不可控因素的影响，那么它可能不适合作为指标。

例如，对于销售部门来说，销售额是一个可控性较高的指标，因为销售团队可以通过拓展客户渠道、优化销售策略等方式来影响销售额。但如果将宏观经济环境的变化等外部因素纳入指标，如GDP增长率对销售的影响，由于销售部门无法直接控制这些外部因素，其可控性就较低。

4. 可激发性

指标应该能够激发员工的积极性和创造力，促使他们努力实现更好的绩效。指标既要有一定的挑战性，又要在合理的努力范围内能够达成。

假设为一个销售团队设定的指标是每月销售额增长50%，如果团队经过评估认为这个目标几乎不可能实现，那么它就缺乏可激发性，可能导致员工产生消极情绪。相反，如果将目标设定为每月销售额增长20%，团队认为通过努力是可以达到的，那么这个指标就更有可能激发员工的积极性。

表4-8 指标筛选示意表

战略方向	战略方向的运营定义	CSF	IPOOC	CSF构成要素	备选KPI	评价标准				分数
						战略相关性	可测量性	可控性	可激发性	
有效增长	中国、中东、非洲、南太、西欧服务格局形成	提升价值、市场份额	Input	匹配客户需求的解决方案	客户需求包满意率	3	3	3	9	18
					技术标排名	3	3	1	3	10
				专业的服务拓展人员到位	专家到位率	9	3	3	3	16
			Process	规范项目运作管理	流程符合度	1	3	9	3	16
				改善客户关系	客户满意度	1	3	1	3	8
					SSPR完成率	1	3	9	1	14
			Output	获取到的价值客户合同	签单率	3	9	3	3	18
				竞争项目的胜利	战略/山头目标完成率	9	3	3	9	24
			Outcome	价值市场份额提升	价值市场份额占比	9	3	3	9	24
				订货增加	订货	1	9	3	1	18
				利润改善	销售毛利率	3	9	3	1	18

IPOOC从四个维度对核心战略进行拆解，从而更细化了核心战略的颗粒

度，再辅以备选 KPI 的高效筛选，最终就得到了更便于执行战略的一套评价标准，也为企业战略的达成打下了坚实的基础。

在华为内部有个说法叫"高层砍掉手脚，中层砍掉屁股，基层砍掉脑袋"，意思是高层要多考虑战略，中层不要有本位主义，基层重在执行。可以说这种思路，与 IPOOC 是高度适配的，因此华为拥有超强的战略执行力，也就不足为奇了。

尽管不同行业、规模的企业，实际面临的战略目标和内部情况并不相同，但华为的 IPOOC 拆解核心战略法，是普适性的，不管是什么样的企业，都可以按照这种基本法来厘清战略目标背后的 KPI 考核标准。

除了以上的筛选维度，常用的筛选维度还有以下几个。

（1）战略一致性。指标应与核心战略举措的目标和意图保持高度一致，能够准确反映举措的实施方向和重点。

（2）可度量性。指标必须能够以清晰、明确且可量化的方式进行测量和评估，以便于跟踪和比较。

（3）时效性。能够及时反映战略举措的执行进度和效果，为及时调整和优化提供依据。

（4）区分度。可以有效区分不同战略举措的执行情况和效果，便于有针对性地进行管理和改进。

（5）敏感性。对战略举措的细微变化具有敏锐的反应，能够迅速捕捉到积极或消极的趋势。

（6）数据可获取性。相关数据能够相对容易和准确地获取，以确保指标的实际可操作性。

（7）前瞻性。具备一定的预测能力，能够预示未来的发展方向和可能出现的问题，为企业提前布局提供参考。

（8）资源相关性。与企业现有的资源配置和能力相匹配，不会过度消耗稀缺资源或超出企业的承受能力。

（9）行业适用性。在同行业中具有一定的通用性和可比性，便于企业了解自身在行业中的地位和差距。

假设一家零售企业制定了以下三项核心战略举措：

- 提升客户服务体验，增加客户忠诚度。
- 优化库存管理，降低库存成本。
- 拓展线上销售渠道，提高线上销售额占比。

表4-9 评估表

核心战略举措	可能的指标	评估维度得分（1~5分）								综合得分	是否入选
		战略一致性	可度量性	时效性	区分度	敏感性	数据可获取性	前瞻性	资源相关性	行业适用性		
提升客户服务体验，增加客户忠诚度	客户满意度评分	5	5	4	4	4	4	4	4	4.2	是
	客户投诉解决时长	4	4	3	3	3	4	3	3	3	3.4	否
	客户复购率	5	5	4	4	4	4	4	4	4.2	是
优化库存管理，降低库存成本	库存周转率	5	5	4	4	4	4	4	4	4.2	是
	库存缺货率	4	4	3	3	3	4	3	3	3	3.4	否
	库存成本占比	5	5	4	4	4	4	4	4	4.2	是
拓展线上销售渠道，提高线上销售额占比	线上销售额增长率	5	5	4	4	4	4	4	4	4.2	是
	线上渠道流量转化率	4	4	3	3	3	4	3	3	3	3.4	否
	线上客户新增数量	4	4	3	3	3	4	3	3	3	3.4	否

最终，根据综合得分，客户满意度评分、客户复购率、库存周转率、库存成本占比、线上销售额增长率被确定为核心战略指标。

公司已经制定出了核心战略举措，然而从中筛选出核心战略指标这一环节具有至关重要的意义。它承上启下，对上承接了前期精心制定的核心战略举措，是对战略规划的进一步深化和细化。通过这一环节，能够将宏观的、方向性的战略举措转化为具体可衡量的指标，从而确保战略的落地实施有明确的依据和标准。同时，它又向下开启了组织绩效评估和管理的大门。筛选出的核心战略指标为后续的绩效衡量、监控和改进提供了关键的基准，使得组织能够清晰地了解自身在战略执行过程中的表现和成效，及时发现问题，精准调整策略，以保障组织始终沿着既定的战略方向前进，实现可持续的发展和卓越的绩效。

第五步　明确组织绩效：从核心战略举措到绩效指标

组织绩效的本质是什么

个体聚合形成组织，从战略到执行，靠什么驱动多数个体统一行动？组织绩效就是不错的"指挥棒"。

当组织明确了核心战略指标，就相当于为前进道路设定了清晰的方向和明确的目的地。然而，若没有有效的组织绩效承接，这些指标很可能仅仅停留在纸面上，无法真正转化为实际的行动和成果。

组织绩效的重要性在于它能够将宏观的战略目标细化为具体的、可衡量的、可操作的绩效指标，并将其分配到各个部门和岗位。这样一来，每个组织及其成员都能清晰地知道自己的工作对于实现整体战略目标的贡献，从而增强责任感和使命感。

考核是一种有力的管理工具，"想要得到什么就考核什么"，它能够确保组织清晰地理解组织的期望和要求。如果希望团队提升工作效率，那就将效率相关的指标纳入考核；如果期望组织在创新方面有所突破，那就着重考核创新成果。通过明确的考核指标，组织成员能够准确把握工作的重点和关键，从而有的放矢地开展工作。

组织绩效还能够促进资源的合理配置。基于考核的重点和绩效指标的要求，管理部门可以更精准地将人力、物力和财力等资源投入关键领域，提高资源的利用效率和效益。

同时，组织绩效为持续改进提供了依据。通过对绩效结果的评估和分析，能够及时发现问题和不足之处，为调整策略、优化流程和改进工作方法提供有力支持，从而推动组织不断进步和发展。

正如法国心理学家勒庞所著《乌合之众》书中所说"群体不善讲理，却善于行动""群体的智力弱于独处的个人"，如果企业的管理者不能用战略目标来引导群体，不能用组织绩效管理好组织成员，那么必然会导致群体力量的大量耗散，很显然，这与企业追求"效率最大化"的目标是相违背的。

将核心战略指标通过组织绩效层层落地，并遵循组织绩效的本质："想要得到什么，那就考核什么"的原则，能够极大地提高组织的执行力和竞争力，确保组织朝着既定的战略目标稳步前进，实现可持续发展。

组织绩效指标是如何产生的

组织绩效，即组织在特定时间段完成工作的效率、质量、数量以及取得的利润情况等。企业要想获得组织绩效，就一定要有一个具体的考核指标，而组织绩效指标，就是企业对组织绩效进行考核的工具。

不同的企业，其组织绩效指标是千差万别的。但实际上，这些迥异的指标都是按照同样的流程和步骤产生的（见图5-1）。

```
┌──────────────┐
│ 核心战略举措指标 │
└──────────────┘        ┌──────────┐
      ＋          ───▶  │  BSC     │  ───▶  ┌──────────────┐
┌──────────────┐        │ 均衡牵引  │        │ 组织 KPI 指标 │
│   CTQ-Y      │        └──────────┘        └──────────────┘
└──────────────┘
```

图5-1 组织绩效指标产生示意图

企业战略确定后，就可以以此为基础筛选出核心战略，进而拆解出核心战略举措和核心战略举措指标，这是组织绩效指标生成的一个重要前提。另外，组织绩效指标的确定，并不是单纯企业组织内部的事情，还与外部的市场需求息息相关。与此同时，企业要广泛收集客户需求，并对需求进行深度分析，找出品质关键点，也就是CTQ，然后通过Y这一过程输出，找出客户这一层面的绩效度量指标。

核心战略举措指标与客户需求得到的绩效度量指标，通过平衡积分卡的均衡牵引，最后就形成了组织 KPI 指标，也就是组织绩效指标。

在现代管理学大师斯坦利·E.西肖尔看来，绝大多数组织的目标都是多样化的，甚至有些目标之间是相互矛盾、根本不可能同步实现的。作为组织有效性评价标准的提出者，斯坦利·E.西肖尔认为，在多样化的组织目标下，企业管理者的决策必须基于对组织绩效从多个角度进行多重变量的评估。换句话说，企业的组织绩效指标最好是多元化的，这样才可以从不同的侧重点考核组织目标的完成程度。

企业可以根据实际用途对组织绩效指标进行区分，这样有利于企业在不同的实际场景选用合适的指标。

1. 目标和手段

在组织绩效指标中，有些指标反映的是组织的目标和是否达成，侧重于结果导向，有些指标则是反映了达到组织目标的手段或条件。企业要注意区别这两种不同的指标，通常，一个合理的组织绩效指标体系中，反映组织目标的指标应该占据比较大的比重，而反映达到组织目标手段的指标则比重不宜过大。协调好两种指标的比重关系是非常重要的，也是直接关系组织绩效指标体系合理与否的一个重点问题。

2. 时间

时间，简单来说就是组织绩效考核的时间跨度，比如是针对哪一段时间。对于一个企业来说，长期的组织绩效指标与短期的组织绩效指标，往往会存在很大差异，这就要求企业在确定组织绩效目标时，一定要把时间作为一个关键影响因子考虑进去，针对企业不同时间段的任务情况分别搭建与任务相适应的组织绩效指标。

3. 硬指标和软指标

硬指标是指能够客观反映组织绩效的有形方面的指标，软指标是指主观反映组织绩效的无形方面的指标。具体到企业当中，数量指标、利润指标、质量指标等都属于硬指标，消费者对企业的认知度、员工满意度等就属于软指标。一般来说，硬指标更适用于就企业的短期组织绩效指标，软指标则更适用于企业的长期组织绩效指标。企业可以根据组织绩效指标的时间情况，分别调整硬指标和软指标在组织绩效指标体系中的占比。

4. 价值判断

企业通过组织绩效指标得出的结果是客观的，但如何看待结果和这些指标则是主观的，一个指标的数额达到多少算合格、多少算优秀、多少应该奖励、多少应该惩罚，这些并没有统一、固定的标准。一千个人眼中有一千个哈姆雷特，不同的人价值判断结果也会不同。因此，企业要综合权衡组织的外部环境、内部情况以及组织绩效指标的变化规律等，确定合适的价值判断标准。

组织绩效指标确定后，企业要想对组织绩效进行更有效、更灵活的评价，还要善于赋予不同指标以不同的优先级和占比。不同指标在组织绩效指标体系中的占比，主要应考虑两个因素：一是指标的优先级，优先级越高的指标，所占比重应越大，反之则应缩小比重；二是指标的重要性，越重要的指标，所占比重应越大，反之则可以缩小比重。

西肖尔将衡量组织绩效的标准组合到一个金字塔形的有层次系统中的形象做法，是很有借鉴和参考意义的。企业可以通过对组织绩效指标的分层来构建起一个完整的组织绩效指标系统（见图5-2）。

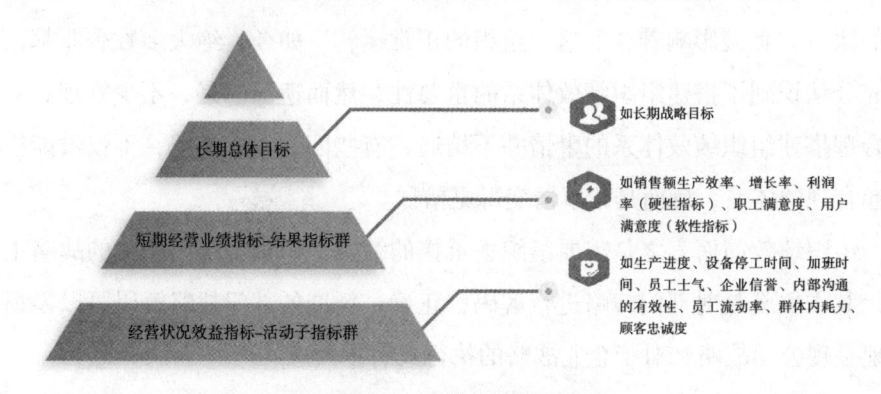

- 长期总体目标 —— 如长期战略目标
- 短期经营业绩指标-结果指标群 —— 如销售额生产效率、增长率、利润率（硬性指标）、职工满意度、用户满意度（软性指标）
- 经营状况效益指标-活动子指标群 —— 如生产进度、设备停工时间、加班时间、员工士气、企业信誉、内部沟通的有效性、员工流动率、群体内耗力、顾客忠诚度

图5-2　绩效指标系统

例如，一家连锁餐饮企业制定了核心战略指标——在未来一年内将顾客满意度提升至90%以上，并实现净利润增长20%。

市场部门承接的方式是：加大品牌推广力度，通过线上线下的营销活动,吸引更多新顾客,同时维护好老顾客的关系。比如每月策划主题促销活动,利用社交媒体增加品牌曝光度。

运营部门则致力于优化门店服务流程,加强员工培训,确保顾客在店内有良好的体验。制订每季度的服务质量提升计划,定期收集顾客反馈并及时改进。

采购部门通过与供应商谈判,降低原材料成本,同时保证食材的品质。每月对比采购成本,寻找更优质且价格合理的供应商。

财务部门加强成本控制和预算管理,精确核算各项费用,为决策提供数据支持。每半年进行一次财务分析,提出优化成本的建议。

通过各个部门对核心战略指标的有效承接和协同努力,这家连锁餐饮企业有望实现既定的战略目标。

识别组织自身的绩效目标

如果说企业战略是一座金字塔的塔尖,那么组织绩效体系就是构成金字塔的每一块基石,正是由于组织绩效体系由下而上的层层支撑,企业战略才能够得到支撑,进而有了实现的现实可能。

对于企业来说,合理搭建一套适合自身的组织绩效体系,直接关系着战略的执行,直接影响着企业这一组织的正常运转。如今,绝大多数企业都已经充分认识到了搭建组织绩效体系的重要性,然而遗憾的是,不少管理者对于合理搭建组织绩效体系的事情并不精通,有些因为一知半解,不仅没能搭建起合理的体系,反而是让事情变得更糟糕。

组织绩效简而言之是需要组织去承接的绩效。识别本部门相关的战略主题,其本质就是对部门战略进行解码,正确、精准的部门战略解码可以零损耗地呈现公司战略,对于企业战略的执行具有重大意义。

企业中的每一个部门,都需要识别与本部门有关的战略主题,这是企业战略执行中的一个不可或缺的重要环节,也是事关战略执行会不会出现偏差的关键。不重视本部门战略主题的识别,很容易会出现"低着头吭哧吭哧辛辛苦苦劳动大半天,结果一抬头却发现干了别人地里的活"。执行很重要,但错误方向的执行没有任何价值。因此，企业中每一个部门的管理者，都要充分重视本部门相关战略主题的识别，只有先弄清楚要做什么，才能保证行动起来不走样，行动结果不跑偏（见图5-3）。

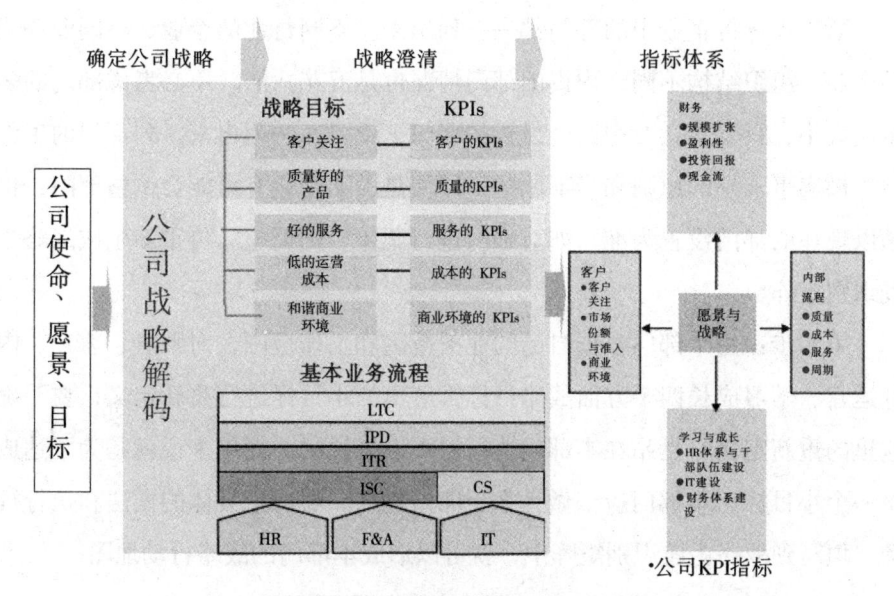

图5-3　公司愿景使命战略到组织绩效

通过识别本部门相关的战略主题，可以对齐公司目标和部门目标，进而对齐部门目标与个人目标，能够明确部门使命、愿景，形成部门的独特价值。识别本部门相关的战略主题，可以通过建立价值模型和因果关系来实现。那么，具体来说，应该怎么做呢？

企业可以通过战略主题识别矩阵这一方法来准确识别本部分相关的战略主题，可以简要概括为以下四个步骤。

第一步：把企业战略分解细化为财务、客户、内部运营、学习成长四个方面的战略目标。这种分类方法，适用绝大多数企业，不管是生产型企业，还是销售型企业，抑或是服务型企业，不管是规模大的上市公司，还是人数不多、部门不多的初创小企业，都可以采用这四个方面来对企业战略进行细化阐述。

第二步：将财务、客户、内部运营、学习成长四个方面的战略目标进行再拆解，一般来说，每个方面的拆解都不宜过细、过多，如拆解出的事项过多，则会陷入"贪多嚼不烂"的状况，反倒会对战略的执行起到反作用，以 2 项到 3 项为宜，以财务部的战略目标为例，可以拆解为"降低成本费用""提升老客户收入比重""增加新产品销售收入"等小目标。

第三步：将企业中的部门都——列出来。不同行业的企业、不同业务线的企业，组织结构不同，内设的部门情况也是五花八门，不必考虑部门的多少或大小，只要是企业中已经设置的部门，就要——列出来。列部门的工作要遵循实事求是的原则和当下原则，即便是后期企业有可能会调整部门，也请以现在的部门设置为准，如对部门进行调整，则调整后再重新生成战略主题识别矩阵。

第四步：每个部门根据自己的业务范围和工作范围，对财务、客户、内部运营、学习成长四个方面战略目标拆解出的小目标进行重新定义，要明确这里的重新定义，是站在本部门执行层面上来说的，简单来说就是为了达成每一个小目标，本部门应该做什么、能做什么。然后把具体的做法和执行行动，填写到战略主题识别矩阵中，就可以形成本部门的战略行动地图。

表5-1　战略主题识别矩阵

战略层面	核心战略指标	绩效指标	指标分配
财务层面	营业收入	总销售收入	公司目标
	增加新客户收入	新客户销售收入	销售部
		过万新客户数量	销售部
	提高新产品的销售收入	新产品销售额	销售部
	增加老客户的复购率	老客户复购数	销售部
	扩大市场占有率	年度销售额增长率	销售部
	维持合理的利润空间	采购成本季度降低率	采购部
		人员成本占生产总产出比	PMC
		制造成本占总产出比	PMC
		研发投入占销售收入比	研发部
		营销费用占销售收入比	市场部
财务层面	提高人均毛利	人均毛利	公司目标

续表

战略层面	核心战略指标	绩效指标	指标分配
客户层面	提高客户满意度	客户投诉次数	销售部
		核心客户满意度	公司目标
	构建完整的营销网络	省级办事处数量	拓展部
		地产公司项目数量	拓展部
	提升品牌知名度	获客成本	市场部
		询盘转化率	市场部
		资料被退回次数	市场部
		举办沙龙次数	市场部
内部运营层面	交货周期缩短	销售下单及时性	销售部
		漏请购次数	PMC
		请购单转单及时性	采购部
		供应商交货准时率	采购部
		来料检验及时率	品质部
		生产日计划达成率	PMC
		生产异常处理及时率	工程部
	提高产品质量	产品直通率	PMC
		返工次数	生产部
	成功改善管理流程	流程优化数量	工程部
	24小时客户服务	24小时客户服务	客服部
	提高供应链的来料品质	来料检验合格率	采购部
	降低批退次数	批退次数	品质部
	不断促进技术创新	新产品开发达成率	研发部
		新产品开发数量	研发部
	提高新产品导入和试产效率	试产问题的及时解决率	工程部
		试产准时完成率	工程部
学习成长层面	提高核心人才队伍的稳定性	关键岗位离职率	公司目标
		3年核心人才占比	人力资源部
	人力资本贡献率	每万元人工产出	人力资源部

需要注意的是，每个部门的具体行动和做法，不是部门管理者一个人说了算，也不是哪个高层管理者直接指定的。而是要遵循实事求是的原则，群

策群力，可以通过部门集体头脑风暴、集体讨论等多种方式来收集尽可能多的想法和意见，然后对这些得到的意见和方法进行评估和筛选，从而最后确定好部门的行动地图。

此外，企业战略分解出的一个个小的战略目标，并不是每一个都涉及企业中的所有部门。有些部门的战略主题与公司的战略是相同一致的，比如企业实现年销售收入1000万元，只有销售部承担销售任务，其他部门不涉及销售的直接产生，因此销售部的战略主题也是年销售收入1000万元。公司的有些战略目标，则是需要多个部门来共同支撑和承担的，以降低成本为例，销售部的战略主题就是降低销售支出，采购部的战略主题是降低采购成本，研发部的战略主题是缩短产品研发周期，营销部的战略主题是在保证营销效果的前提下缩减不必要的营销成本，减少营销浪费等。

明确了本部门的战略主题后，可以把企业目标与部门目标连接起来，从而输出本部门的使命、愿景，使命和愿景，可以更好地激励本部门的组织成员更有方向地开展工作。

此外，结合战略主题与本部门在整个企业战略中扮演的角色，我们可以明确部门在企业中的定位，明确部门应该发挥什么样的价值，从而形成区别于其他部门的独特价值，这种独特价值是具有排他性的，从而为部门的壮大和发展提供决策依据。

（一）组织绩效指标设计

以一家制造企业为例，其确定的CSF包括提高产品质量、降低生产成本、缩短交货周期和提升客户满意度。

1. 提高产品质量

在当今竞争激烈的市场环境中，产品质量是制造企业立足的根本。为了提高产品质量，企业设定了以下绩效指标。

产品合格率达到98%以上：产品合格率是衡量产品质量的关键指标之一。通过设定98%以上的合格率目标，促使企业在生产过程中严格控制质量，减少次品和废品的产生。

产品退货率低于2%：退货率直接反映了客户对产品质量的不满程度。将退货率控制在2%以下，意味着企业要不断改进产品质量，满足客户的需求和期望。

一次通过率提升至90%：一次通过率是指产品在首次生产过程中无须返工或修复即达到质量标准的比例。提高一次通过率可以减少生产过程中的浪费，提高生产效率和产品质量。

为了衡量这些指标，企业采用了以下方法。

定期进行产品质量抽检：质量控制部门按照一定的频率和抽样方法，对生产线上的产品进行随机抽检，检测产品的各项质量指标是否符合标准。

统计退货数据：销售部门和售后服务部门密切合作，及时收集和统计客户的退货信息，包括退货原因、退货数量等。

分析生产过程中的质量数据：生产部门记录生产过程中的关键质量参数，如原材料的质量、生产工艺的稳定性、设备的运行状况等，通过数据分析找出影响产品质量的关键因素，并采取针对性的改进措施。

2.降低生产成本

降低生产成本是企业提高竞争力和盈利能力的重要手段。以下是相关的绩效指标。

原材料成本降低10%：原材料通常是生产成本的重要组成部分，通过与供应商谈判、优化采购策略、寻找替代材料等方式降低原材料成本。

生产能耗降低8%：生产过程中的能源消耗也是一项重要的成本支出。企业通过引入节能设备、优化生产流程、加强能源管理等措施来降低能耗。

人工成本降低5%：通过提高生产效率、优化人员配置、开展培训提升员工技能等途径，在不影响生产质量和产量的前提下降低人工成本。

衡量这些指标的方法包括以下几种。

对比分析原材料采购价格：采购部门定期收集市场上原材料的价格信息，并与企业的采购价格进行对比，评估采购成本的控制效果。

安装能源计量设备：实时监测生产过程中的能源消耗数据，以便准确计算能耗的降低情况。

核算人工成本：人力资源部门和财务部门合作，详细核算每个生产环节的人工成本，包括工资、福利、培训费用等。

3. 缩短交货周期

交货周期的长短直接影响客户满意度和企业的市场竞争力。以下是相关的绩效指标。

平均交货周期缩短至 20 天以内：从客户下达订单到产品交付的时间缩短至 20 天以内，以满足客户对快速交货的需求。

生产计划达成率提高到 95% 以上：确保生产计划能够按时完成，减少因生产延误导致的交货延迟。

库存周转率提高 30%：合理控制库存水平，减少库存积压，提高资金使用效率。

为了衡量这些指标，企业采取了以下方法。

跟踪订单进度：销售部门和生产部门共同建立订单跟踪系统，实时监控订单在各个环节的处理进度。

定期评估生产计划执行情况：生产部门每周或每月对生产计划的完成情况进行总结和分析，找出影响计划达成的原因并加以改进。

计算库存周转率：财务部门定期计算库存周转率，分析库存管理的效果。

4. 提升客户满意度

客户满意度是企业持续发展的关键。以下是相关的绩效指标。

客户满意度达到 90% 以上：通过客户调查、反馈收集等方式获取客户对产品和服务的满意度评价，目标是达到 90% 以上的满意度。

客户投诉处理及时率达到 98%：确保客户投诉能够得到及时有效的处理，提高客户的忠诚度。

重复购买率提高 15%：鼓励客户再次购买企业的产品，反映客户对企业的信任和认可。

衡量这些指标的方法包括以下几种。

开展客户满意度调查：定期通过问卷调查、电话访谈等方式收集客户的意见和建议，计算满意度得分。

记录客户投诉处理时间：客服部门详细记录每一起客户投诉的处理时间，统计及时处理的比例。

分析客户购买数据：销售部门通过分析客户的购买记录，计算重复购买率。

（二）组织绩效分解到部门

1. 生产部门

提高产品质量：

负责优化生产工艺，制定详细的作业指导书，确保生产过程的稳定性和一致性。

加强生产过程中的质量检验，对关键质量控制点进行严格监控。

开展质量培训，提高员工的质量意识和操作技能。

降低生产成本：

通过提高生产效率，减少废品和返工，降低单位产品的生产成本。

合理安排生产计划，减少设备闲置和能源浪费。

参与原材料的选型和替代方案的研究，降低原材料成本。

缩短交货周期：

严格按照生产计划组织生产，确保按时完成生产任务。

加强与其他部门的沟通协调，及时解决生产过程中的问题。

优化生产流程。

2. 采购部门

提高产品质量：

与供应商建立质量合作关系，要求供应商提供符合质量标准的原材料。

加强原材料的进货检验，确保原材料质量。

降低生产成本：

寻找优质且价格合理的供应商，开展供应商谈判，降低采购价格。

优化采购批量和采购周期，减少库存积压和资金占用。

缩短交货周期：

与供应商协调，确保原材料按时供应，减少因原材料短缺导致的生产延误。

建立供应商评价体系，优先选择交货及时、质量稳定的供应商。

3. 质量控制部门

提高产品质量：

制定和完善质量检验标准和流程，确保检验工作的准确性和公正性。

对不合格产品进行原因分析，并提出改进措施和预防方案。

降低生产成本：

通过优化检验流程，减少不必要的检验环节，降低检验成本。

协助生产部门降低废品率，减少因质量问题造成的成本损失。

缩短交货周期：

提高检验效率，加快产品放行速度，确保产品及时交付。

参与生产过程中的质量控制，提前发现问题，减少返工时间。

4. 销售部门

提高产品质量：

收集客户对产品质量的反馈意见，及时传递给相关部门。

向客户准确传达产品的质量特性和优势，提高客户对产品质量的认知度。

降低生产成本：

准确预测市场需求，为生产计划提供可靠依据，避免过度生产造成的成本浪费。

缩短交货周期：

与客户保持密切沟通，及时确认订单信息，减少因订单变更导致的生产延误。

协助物流部门优化发货流程，提高发货速度。

5. 研发部门

提高产品质量：

设计易于生产和保证质量的产品结构和工艺。

参与质量改进项目，提供技术支持和解决方案。

降低生产成本：

在产品研发阶段考虑成本因素，选用性价比高的材料和工艺。

优化产品设计，降低生产难度和成本。

缩短交货周期：

加快新产品研发进度，缩短产品上市时间。

与生产部门协同，确保新产品能够顺利投入生产。

6. 物流部门

提高产品质量：

确保产品在运输和仓储过程中的质量安全，防止损坏和变质。

降低生产成本：

优化物流线路和运输方式，降低运输成本。

合理控制库存水平，减少仓储费用。

缩短交货周期：

提高物流配送效率，确保产品按时送达客户手中。

加强与生产部门和销售部门的沟通，提前做好发货准备。

逐层建立组织绩效的逻辑方法

组织绩效不是人力资源部门的事，也不是少数几个管理者的事，组织绩效贯穿整个企业，是一个囊括所有人在内的完整体系。组织越多、组织结构越复杂，组织绩效的体系就会越庞大。

对于一个企业来说，建立组织绩效，从来不是管理者发话就能够快速成型的，由于组织绩效是一个由上而下的完整体系，因此建立组织绩效也必须遵循逐层建立的基本逻辑（见图5-4）。

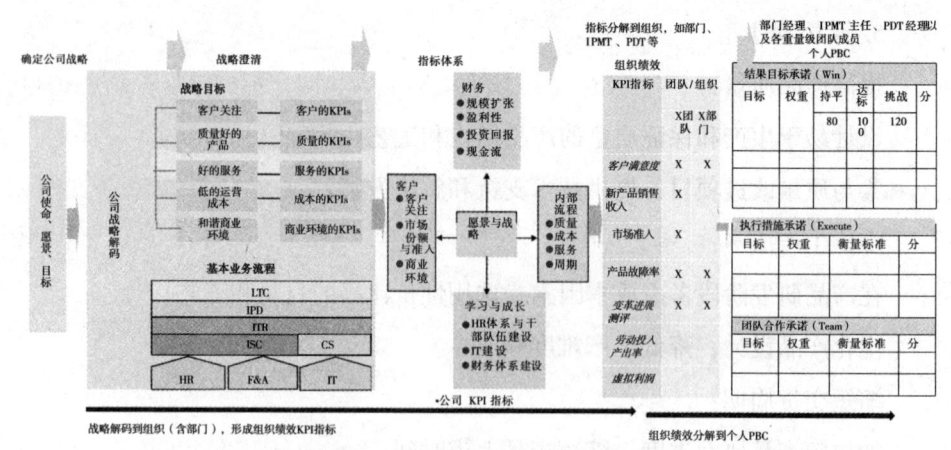

图5-4 逐层建立组织绩效的逻辑

在企业战略清晰、组织内部工作分工明确的基础上，就可以对组织绩效进行整体设计了。组织绩效的设计不同于艺术创作的天马行空，而是要遵循一定的设计步骤和流程（见图5-5）。

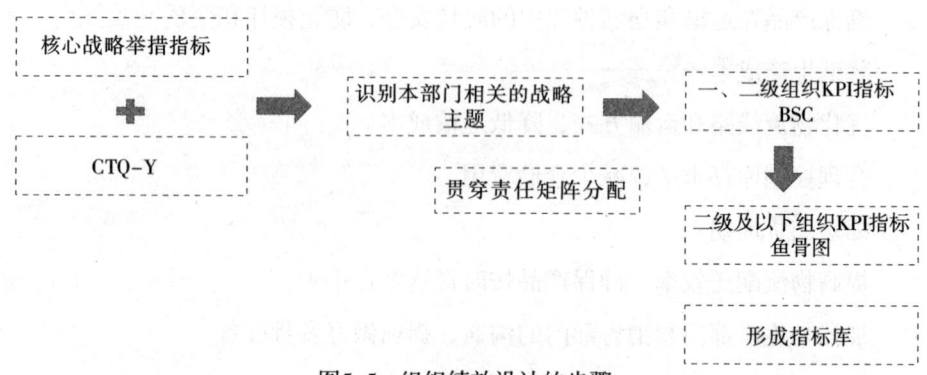

图5-5 组织绩效设计的步骤

从微观角度来说，组织绩效的逐层拆解可以按照以下八大步骤来进行。

1.确定公司级指标

公司指标的确定要基于组织战略和组织分工两方面，不考虑组织战略的指标，对于战略的执行是没有明显拉动作用的，因此对于实现组织的整体目标也就没多大帮助，不考虑组织分工的指标，很可能会出现"想当然"而无法落地的情况，明明只有100人的团队，但公司级指标却是1000人才能完成的，这样脱离组织实际的指标，从诞生之初就意味着是不可能实现的。

2. 分解公司级指标

公司级指标确定之后，要想让公司级指标可以如期实现，仅靠管理层是肯定不行的，必须依靠组织的所有成员，组织成员为公司级指标的达成提供足够的支撑力，如何把组织成员与公司级指标紧密联系起来？分解公司级指标并落到每个人头上是必然路径，可以使用鱼骨图等工具对公司级指标进行逐层分解。

3. 形成部门级指标

公司是多个部门的集合，即便是几个人的初创公司，也至少会有两类不同的职务或部门，对公司级指标进行拆解后可以得到结果，在结果中筛选出关键指标，就构成了部门级的指标体系。

4. 确定部门级指标衡量体系

简单来说，就是根据组织内部的岗位级指标进行详细阐述，赋予每个指标以衡量的内容。含义界定、标准设置、考核办法制定、权重设置等都属于指标衡量体系，把这些细节都做好，那么部门级绩效的指标衡量体系就已经搭建起来了。同时需要对组织间的交叉指标进行认领和权重设计，确保核心业务体系的考核点不断档。

5. 部门级指标分解

部门级指标的达成，要依靠所有部门成员的共同努力，因此还要对部门级指标进行分解，同样可以采用鱼骨图的方法来开展分解工作。

6. 形成岗位级指标

结合部门中岗位的设置情况，对公司部门级指标进行拆解后可以得到岗位级指标。

7. 确定岗位级指标衡量体系

部门级指标分解可以形成岗位级指标体系，和确定部门级指标衡量体系一样，要对企业内部的每一个岗位级指标，进行含义界定、标准设置、考核办法制定、权重设置等，就可以形成岗位级绩效的指标衡量体系。

8. 准备实施

把组织绩效设计的内容转化输出为恰当的绩效考核表格，就可以开始具体实施了（见表5-2）。

表5-2 部门内容

步骤	内容	市场部	采购部	人力资源部	财务部
核心战略举措	描述公司的重大战略行动	拓展新市场、提升品牌知名度	优化供应链、降低采购成本	吸引和保留优秀人才、提升员工绩效	合理控制成本、确保资金安全
本部门相关的战略主题	与部门职能相关的战略方向	新市场开拓与品牌推广	高效采购与供应商管理	人才招聘与培养、绩效管理	成本管理与财务风险管理
一级组织KPI指标	从战略主题提炼的关键绩效指标	新市场销售额占比、品牌知名度提升幅度	采购成本降低率、供应商按时交货率	关键岗位人才到岗率、员工绩效提升率	成本费用控制率、资金周转率
二级组织KPI指标	对一级指标的进一步细化	新市场客户增长率、新市场推广活动效果	优质供应商比例提升、采购流程优化程度	高端人才招聘完成率、培训计划完成率	预算执行偏差率、应收账款回收率
具体岗位及指标	明确岗位及具体数值目标	市场专员：新市场客户增长率达到30%，每月策划并执行至少2场新市场推广活动；品牌策划经理：品牌知名度提升幅度达到20%，年度内策划3次大型品牌推广活动	采购专员：优质供应商比例提升至60%，每月对5家供应商进行评估；采购经理：采购流程优化后时间缩短20%，季度内完成采购流程梳理与改进	招聘专员：高端人才招聘完成率达到80%，每月成功推荐至少3名高端人才；绩效专员：培训计划完成率达到95%，季度内组织4次员工培训及效果评估	成本会计：预算执行偏差率控制在5%以内，每月进行成本分析与监控；财务经理：应收账款回收率达到90%，每季度制订应收账款催收计划

组织绩效分解到各个部门的一些具体方法。

1. 部门职能及流程分析

部门职能分析是组织绩效分解到各部门的重要前置步骤。包括全面梳理各部门主要业务活动，明确工作任务与范围重点；深入剖析工作流程，明确各环节输入输出、瓶颈与优化点及责任人和时间节点；明确部门间协作关系；并考虑组织战略调整和外部环境变化，适时调整优化部门职能。结合部门具体流程及职能，匹配与之相应的绩效指标。通过全面的部门职能分析，为组织绩效分解提供坚实的基础，确保绩效指标具有可操作性和可衡量性。

2. 鱼骨图

鱼骨图是分析问题根本原因的工具，在组织绩效分解中有重要作用。先明确要解决的问题或绩效目标作为"鱼头"；确定支撑这些问题和目标的首要因素类别构成"大骨"；再深入挖掘具体影响因素作为"小骨"。将组织绩效指标分解时，根据部门职能和工作范围分配具体影响因素。绘制鱼骨图可直观展现影响因素及相互关系，划分各部门责任，使绩效分解更具针对性和合理性（见图5-6）。

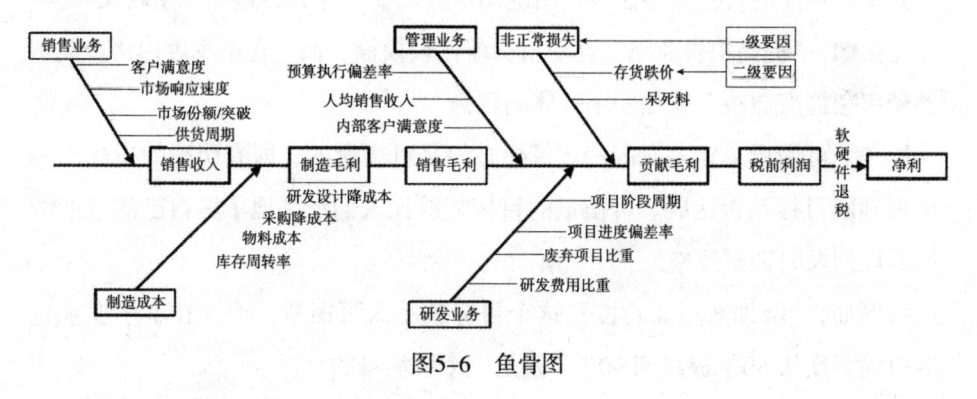

图5-6 鱼骨图

3. 责任矩阵

责任矩阵是将工作任务分配到具体责任主体的有效工具。构建时先列出工作任务或绩效指标，再列出相关部门或责任主体，然后明确各部门责任程度。主要责任、次要责任和参与等不同级别分别对应不同的执行和决策职责。责任矩阵能清晰呈现责任分配，避免推诿扯皮，通过不断完善调整可确保绩效指标有明确责任归属，提高组织执行力和绩效水平（见表5-3）。

表5-3　责任矩阵

职能		总裁					副总裁					战略管理部					投资管理部					财务中心					研发中心					人力资源中心				
一级	二级	A	M	P	E	S	A	M	P	E	S	A	M	P	E	S	A	M	P	E	S	A	M	P	E	S	A	M	P	E	S	A	M	P	E	S
战略管理	战略规划	■						■						■					■					■					■					■		
	战略实施		■				■							■					■					■					■					■		
	战略检查			■				■				■						■					■					■					■			
	战略调整	■						■						■					■					■					■					■		
人力资源管理	人力资源规划		■						■				■					■					■					■				■				
	招聘	■						■					■					■					■					■					■			
	培训		■				■							■				■					■					■				■				
	薪酬	■						■				■						■				■						■				■				
	……																																			

组织绩效分解到各个部门的重要原则。

SMART原则即目标必须具体、可衡量、可实现、相关联、时限性。在绩效设计中具有重要价值。它确保绩效目标清晰明确，员工能准确理解自己的工作方向。

（1）具体（Specific）。目标必须是具体的、清晰的，不能模糊不清或过于笼统。具体的目标能够让人们明确知道自己要做什么，避免产生歧义。

例如，"提高销售业绩"这个目标就比较模糊，而"在本季度内将产品A的销售额提高20%"就是一个具体的目标。

（2）可衡量（Measurable）。目标必须是可衡量的，即有明确的指标或标准来判断目标是否达成。可衡量的目标能够让人们清楚地了解自己的进展情况，以便及时调整策略。

例如，"增加客户满意度"这个目标就不太可衡量，而"在本季度末将客户满意度从80%提高到90%"就是一个可衡量的目标。

（3）可实现（Attainable）。目标必须是可实现的，既具有一定的挑战性但又在实际能力范围内。可实现的目标能够激发人们的积极性和创造力，同时也避免了因目标过高而导致的挫败感。

例如，"在一个月内将公司的市场份额提高到50%"这个目标可能不太可能实现，而"在半年内将公司的市场份额提高5%"就是一个可实现的目标。

（4）相关性（Relevant）。目标必须与组织或个人的战略目标、工作职责等相关联。相关性的目标能够确保人们的努力方向与整体目标一致，提高工作的效率和效果。

例如，对于一个销售部门来说，"提高产品质量"这个目标可能与销售业绩的提升没有直接关系，而"提高客户转化率"就是一个与销售业绩相关的目标。

（5）时限性（Time-bound）。目标必须有明确的时间限制，即在特定的时间内完成。时限性的目标能够让人们有紧迫感，提高工作的效率和执行力。

例如，"在未来某个时间提高员工绩效"这个目标就没有时限性，而"在本季度末将员工绩效提高10%"就是一个有时限性的目标。

通过以上一系列严谨且系统的步骤，我们将公司的宏观战略逐步进行了细致的拆解。为部门的绩效设定明确目标，并且落实到具体的岗位指标，让每一位员工都明白自己的工作对公司战略的贡献。

这样的过程使得公司战略最终落实到了可以切实执行的组织及个人绩效层面，从而有力地确保了公司的战略能够被各个组织单元和每一位员工有效地承接，为公司战略目标的实现奠定了坚实的基础。

第四部分　执行

　　最关键、最耗时的步骤并非战略的制定,而是战略的执行。没有执行力,再宏大的战略也是一场空。

第六步　控制执行效果：强大的执行，才有完美的战略

组织绩效与个人绩效确定后，为实现目标，须明确每一位员工的具体行动。这意味着要清楚界定员工做什么、怎么做以及何时做。此时，结合绩效目标制订中长期工作规划至关重要。通过规划，员工能明晰自己在不同阶段的任务和责任，有步骤地朝着绩效目标迈进。明确的工作规划如同导航地图，指引员工在工作中不迷失方向，合理安排时间和资源，高效执行任务。只有当每一位员工都按照规划行动起来，组织的绩效目标才有可能顺利实现，推动企业不断向前发展。

前五个步骤解决"做正确的事"，第六个步骤解决"正确地做事"，我们需要将企业规划下沉到每一个员工。

体系控制：强有力的工作规划体系

企业战略的达成，从来不是一件自然而然的事情，一定要"谋定而后动"才能真正成功。失去了方向，必然迷路。

现代企业领导与管理有许多种做事的方法，但是殊途同归，都是以最后达成管理目标为行动原则。然而管理活动中有这样一种情形，所做的事从一开始就错了，即没有做正确的事。比如，一个投资项目根本没有市场前景，出现了决策失误；在这种情况下，即使我们提供再优秀的管理也难以摆脱失败的厄运。因此，"做正确的事"是管理的首要问题，它是战略、是方向。

先做正确的事，再正确地做事。需要领导者进行战略思考，即"谋定而后动"。先把问题考虑清楚了，知道该做什么，不该做什么，应该怎么做。然后再行动，就会有方向感，就不会出大的差错。

在一个团队里，领导人要作战略思考，规划未来。有了大方向，就可以制订行动计划、调动资源了。从具体行动层面来说，就是要编制企业工作规划，通常做法是以年为单位，编制企业年度工作规划。

企业年度工作计划是实现企业年度战略目标的具体保证和体现，同时又是编制季度、月度计划的依据，是对战略目标、关键绩效考核指标的落地实施。

那么，企业的年度、季度、月度工作规划究竟是怎么来的呢？

一、从公司三年规划到员工年度计划

企业做什么事，就怕含含糊糊，战略笃定了却不严格执行，有时候甚至比没有制定战略更糟糕。企业的本质就是执行，执行力影响企业战略的成败。三流的点子加一流的执行力，永远比一流的点子加三流的执行力更好。

编制企业规划的逻辑是：根据企业的价值导向或问题导向，明确好企业工作规划的来源；然后按照作业项目、项目描述、预计产出成果、作业执行人、作业时间、预算规划的具体结构，编制出企业的年度工作计划；最后要产出具体的成果，比如《公司工作规划》《部门工作计划》《员工行动计划》等就都属于成果产出。从源头输入到成果产出，形成了一个完整的逻辑闭环，这就是企业工作规划编制的整体逻辑（见图6-1）。

组织绩效 KPI	三年规划
部门绩效 KPI	部门年度计划
个人绩效 KPI	岗位工作计划

图6-1　KPI与三年规划

在企业的经营管理活动中，战略失败常见的问题有两个。

◆ 只讲计划，不讲实施

◆ 只讲战略，不讲战术

执行能力是非常重要的。因为很多事情都证明了大家要走的路很明显，但是有的人能过得去，有的人却过不去，过不去的就是执行能力不够。

企业执行力不够，很多时候是因为管理层知道要做什么，但一线员工却很迷茫。光有战略还不够,还要以战略为基础,做好公司的三年规划,然后以公司规划为基础,细化到部门规划、员工年度规划,只有这样,企业的全体员工才能更清楚自己应该做什么,才能够真正把潜力激发出来。

1. 制订公司三年规划(见表6-1)

第一步:结合前文所述内容,以企业战略为基础,筛选出未来三年,企业必须实现什么策略。比如"打造行业一流的生产制造水平""建立多渠道合作方式,加强市场推广,塑造优良品牌形象""推出与现有产品有差异化的技术领先产品,占领市场""增加公司大客户数量""打造专业团队"等。这个环节我们已经在前面五个步骤完成了。

第二步:以企业要实现的策略为基础,拆分为具体的工作项目规划。比如"打造行业一流的生产制造水平"这一策略,就可以拆分为"引入自动化与检测设备""建立产品条码系统"等具体的工作项目;"打造专业团队"则可以拆分为"构建公司专业的课程体系""建立人才梯队机制"等。

第三步:列出组织内部的所有部门。不同的企业,内部组织设置上也有很大差别,尽管企业规模有大有小,但基本上绝大部分企业的内部都根据业务需要划分了不同的组织部门,比如我们常见的业务部、财务部、营销部、售后部、研发部等,每一个部门都承担着不同的工作职责。

在编制企业工作规划前,我们首先需要对组织内部的所有部门进行整体梳理工作,把所有部门都清晰地列出来,在企业使命、愿景和定位的基础上,为每一个部门都细化出部门在整个企业中的定位。

企业的部门设置往往是灵活多变的,撤销某个项目板块、新设事业部、由于业务需要对现有组织设置进行调整等,都是非常常见的现象,这就要求我们在编制企业工作规划的过程中要有动态性的思维,当组织部门发生较大变化时,要对已经编制好的企业工作规划进行及时调整和修正。

把工作项目规划的优先级别、主责单位、辅责单位确定下来,同时让参与者对工作项目有全面、客观、深入的认识。企业可以通过项目说明会、项目计划书、项目碰头会等多种方式,来完成这些工作。

第四步：以组织绩效为目标进行拆解。拆解的目标是组织绩效，对象是各层级部门以及岗位主要业务活动。一般来说，企业既可以按照职能拆解也可以按照流程拆解。WBS是常用的工作分解管理工具，呈树形结构，比如将企业的总任务写在最上方，往下分解为各部门的任务，再由各部门的任务进一步分解为一个个的独立任务，对应到每一个具体执行者身上。这种方法，可以让工作可视化，能够把企业的总任务分解成可以有效安排的组成部分，企业可以运用这种方法，对各层级部门和岗位的业务活动进行拆解，并形成对应的绩效考核指标。

第五步：给每一个具体的工作项目，规划出具体的时间线。明确第一年要完成哪些工作，第二年完成什么，第三年达到什么目标。每年的任务目标，又可以拆解到每个季度。企业可以根据实际情况，决定具体的时间单位，比如是拆解为每个季度还是每个月等，对于一些对时间精度要求高的业务活动，甚至可以细化到每周。

表6-1 公司三年规划模板

序号	实现策略	工作项目规划	项目说明	优先级别	主责单位	辅责单位	第一年 1季度	第一年 2季度	第一年 3季度	第一年 4季度	第二年 1季度	第二年 2季度	第二年 3季度	第二年 4季度	第三年 1季度	第三年 2季度	第三年 3季度	第三年 4季度
1	打造行业一流的生产制造水平	引入自动化与检测设备																
2		建立产品条码系统																
3		……																
4	建立多渠道合作方式，加强市场推广，塑造优良品牌形象	主办论坛、活动、研讨会																
5		建立行业一流的实验室																
6		……																

续表

序号	实现策略	工作项目规划	项目说明	优先级别	主责单位	辅责单位	第一年				第二年				第三年			
							1季度	2季度	3季度	4季度	1季度	2季度	3季度	4季度	1季度	2季度	3季度	4季度
7	推出与现有产品有差异化的技术领先的产品，占领市场	传感器技术研发																
8		建立模房																
9		……																
10	增加公司大客户数量	建立大客户服务标准与团队																
11		完善公司产品认证																
12		……																
13	打造专业的团队	构建公司专业的课程体系																
14		建立人才梯队机制																

2. 制订部门年度工作计划（见表6-2）

第一步：从战略地图层面，明确其战略要术。比如从客户层面的战略要术来看，构建完整的营销网络，建立售前、售中、售后服务标准，明确大客户需求都属于具体的战略要术。

第二步：有了详细的战略要素，就要将其匹配到相应的部门，并以计划项目的形式，预计产出成果，充分传达给该部门。

第三步：要确定计划项目的优先级，梳理出主责岗位、辅责岗位，并预估好可能会需要的支援或协助，提前做好相应预案。

第四步：画出明确的时间线，做好资源上的投入。每一个计划项目的开始时间和结束时间都要明确好，同时财务方面要做好相应的投入预算。

表6-2 部门年度工作计划表

序号	战略地图层面	战略要求	部门	计划项目	项目（作业）描述	预计产出成果	优先级别	主责岗位	辅责岗位	所需支援/协助	计划开始日期	计划结束日期	财务预算（万元）
1	客户层面	构建完整的营销网络	销售部	建立高效的基层销售团队	1.设计销售团队的架构 2.实行全员号召招聘奖励，把人员招聘到位 3.对新晋员工进行专业的培训 4.对新晋人员进行专业的实战演练	国际销售团队2个，架构1+4+1 国内销售团队1个，架构1+5+1 团队人员能力测评得分>85分 人均营业额>40万元	A	销售总监	人事	行政部人员的快速招聘	2022年7月20日	2023年4月	新增人员每月约18万元
2	客户层面	提高客户服务水平	销售部	建立售前、售中、售后服务标准	1.了解客户各类需求及梳理客户各类的投诉 2.找一流服务型的公司客户服务标准为参考 3.制定本公司独有特色的服务标准 4.对所有职员进行标准培训及考核	1.全员考核通过 2.统一公司售前、售中、售后客户服务标准 3.2018年年底客户满意度达95%	A	销售主管	销售总监		2022年7月20日	2023年12月	无

续表

序号	战略地图层面	战略要术	部门	计划项目	项目（作业）描述	预计产出成果	优先级别	主责岗位	辅责岗位	所需支援/协助	计划开始日期	计划结束日期	财务预算（万元）
3	客户层面	建立伙伴合作关系	销售部	明确大客户需求	定义分类大客户的标准，对大客户进行深挖，死磕一切资源倾向于大客户	大客户定义，大客户服务需求标准	A	销售总监	销售主管	……	2022年7月20日	……	无
4	财务层面	维持合理的利润空间	销售部	……	……	……	……	……	……	……	……	……	……
5	客户层面	建立伙伴合作关系	销售部	……	……	……	……	……	……	……	……	……	……

3. 制作员工年度计划卡（见表6-3）

将部门的年度计划，拆解到部门中的每一个组织成员，就可以形成员工年度计划卡。员工年度计划卡，除了明确员工在每个月度或季度的工作任务和计划外，还可以将目前工作内容、工作优缺点检讨、自我发展重点、工作中的困惑、对部门或公司的建议、公司对员工的培训规划等都融入其中。

（1）具体化组织绩效目标

通过多种渠道了解企业整体战略目标，把握组织绩效要求，明确关键业绩指标、重点任务、发展方向等，最好是明确的包含数字的目标。

（2）分析岗位绩效要求

研读岗位说明书，明确岗位职责和关键绩效指标（KPI），确定核心技能等要求。

与上级沟通达成共识，了解工作期望和重点关注领域，细化岗位绩效目标。

（3）进行工作任务分解

采用 WBS 方法，根据组织和岗位绩效目标将工作内容分解为具体任务和子任务，确保明确可操作。

确定任务优先级，根据影响程度、时间紧迫性等排序。

（4）设定时间节点

为任务设定合理开始和完成时间，使用工具记录，考虑复杂程度等因素。

制定阶段性里程碑，及时检查评估工作进展。

（5）确定资源需求

评估完成任务所需资源，包括人力、物力、财力等，确定是否需外部支持或跨部门协作。

与相关部门沟通协调资源分配，避免冲突提高效率。

（6）制订风险应对计划

识别风险因素，如技术难题、资源短缺等。

针对风险制定应对措施，包括规避、减轻、转移和接受等。

（7）定期评估和调整

按时间节点和里程碑定期评估执行情况，分析差异原因，可使用软件生成报告或召开会议评估。

表6-3 员工年度计划卡

服务单位	职位	目标执行人	直属主管	上级主管	员工年度计划卡												
人事课																	
一、今年工作检讨(优/缺点)			二、明年自我发展重点(含训练)										三、目前工作中的困扰及对本部门的建议				
优点： 1.编撰修订公司培训办法 2.启动公司培训体系 缺点： 计划性不强，培训事项进展缓慢			1.构建培训初步架构，开发新的培训课程 2.三个外训引进及转内训 3.新培训室的规划及投入使用 4.启动内部讲师培训计划 5.提升个人专业能力										1.能力障碍 2.资源障碍（如接受新想法的途径、培训场地、部门间的沟通）				
四、年度目标																	
顺序	目标说明	类别	工作计划	1月	2月	3月	4月	5月	6月	7月	8月	9月	10月	11月	12月	达成基准	须协助事项	主管指导事项
1	建架构，开课程	培训组	依年度、月度培训表展开													每周有3~4节公开课，营造全公司良好的学习氛围	人事同仁大力协助	
2	三个外训转内训	培训组	相应人员都需接受相关培训															
3	新培训室规划及投入使用	培训组	添购相应设备，开新课程															
4	内部讲师培训	培训组	开发内部培训资源															
5	教育训练ERP系统测试	培训组	满足培训的信息需求															
五、目前工作内容 1.两个教育训练办法的修改 2.新人入职教育训练 3.年度培训计划表的编排及送审																		

从公司三年规划到部门年度工作计划，再到员工年度计划，层层解析，企业的规划可以很好地下沉到每一个员工，从而为提升执行力打通了路径。

我们来看一个工作规划落地的步骤的案例。

案例：某电商企业的运营团队

组织绩效目标：本年度实现销售额增长40%，提高用户满意度至90%以上。

1. 岗位分析

运营专员岗位绩效要求包括提高商品页面转化率至5%，每月策划并执行至少两次促销活动，确保商品库存准确率达到98%。

2. 工作任务分解

提高商品页面转化率任务分解为优化商品图片、撰写更有吸引力的商品描述、改进页面布局等子任务。

策划促销活动任务分解为确定促销主题、选择促销商品、制定促销规则、推广促销活动等子任务。

确保商品库存准确率任务分解为定期盘点库存、与供应商及时沟通补货、优化库存管理系统等子任务。

3. 时间节点设定

优化商品图片在一个月内完成，撰写商品描述在两周内完成，改进页面布局在两个月内完成。

每月月初确定当月促销主题，中旬完成促销商品选择和规则制定，下旬进行推广和执行。

每季度进行一次库存盘点，每周与供应商沟通补货情况。

4. 资源需求确定

优化商品图片需要设计师支持，撰写商品描述需要文案人员协助。

促销活动推广需要一定的广告预算。

库存管理系统优化需要技术部门配合。

5. 风险应对计划

风险因素包括竞争对手推出更有吸引力的促销活动、商品供应不及时等。

应对措施包括及时调整促销策略、与供应商建立更紧密的合作关系等。

6.定期评估和调整

每月对运营数据进行分析，评估工作规划执行情况。

根据评估结果调整促销活动策略、优化库存管理流程等。

通过以上步骤，该电商企业的运营团队能够制订出与组织绩效紧密结合的工作规划，明确每个成员的工作任务和时间节点，合理分配资源，有效应对风险，确保团队目标的实现。

表6-4 工作表格

岗位	绩效要求	工作任务分解	时间节点	资源需求	风险因素	应对措施	月度计划
运营专员	提高商品页面转化率至5%，每月策划并执行至少两次促销活动，确保商品库存准确率达到98%	优化商品图片、撰写商品描述、改进页面布局；确定促销主题、选择促销商品、制定促销规则、推广促销活动；定期盘点库存、与供应商沟通补货、优化库存管理系统	优化商品图片一个月内完成，撰写商品描述两周内完成，改进页面布局两个月内完成；每月月初定主题，中旬选商品定规则，下旬推广；每季度盘点库存，每周沟通补货	设计师支持（优化图片）、文案人员协助（描述）、广告预算（促销活动）、技术部门配合（库存系统）	竞争对手促销活动更有吸引力、商品供应不及时	调整促销策略、与供应商紧密合作	1月：完成商品图片优化的30%，确定本月第一次促销主题；2月：完成商品图片优化，撰写部分商品描述，执行第一次促销活动；3月：完成商品描述撰写，改进页面布局一部分，执行第二次促销活动并开始准备第二季度的促销主题等

续表

岗位	绩效要求	工作任务分解	时间节点	资源需求	风险因素	应对措施	月度计划
客服专员	客户满意度达到95%以上，平均响应时间不超过3分钟	及时回复客户咨询、处理客户投诉、定期回访客户	客户咨询立即回复，投诉24小时内处理，每月回访一定比例客户	客服培训资源、客户管理系统	客户投诉处理不及时引发负面口碑、咨询量过大导致响应时间延长	加强培训提高处理效率、增加临时客服人员	1月：加强客服培训，提高响应速度，回访一定比例客户；2月：持续优化回复流程，处理客户投诉并回访；3月：总结前两个月客服工作，进一步提升服务质量并回访等
物流专员	货物准时送达率达到98%，降低物流成本10%	优化物流配送路线、与物流公司谈判降低费用、及时跟踪货物状态	每月评估优化配送路线，每季度与物流公司谈判，全程跟踪货物	物流数据分析工具、与物流公司沟通渠道	物流公司服务不稳定、恶劣天气影响配送	备用物流公司、提前预警做好应对准备	1月：评估当前配送路线，确定优化方向；2月：持续跟踪货物状态，与部分物流公司沟通降低成本可能性；3月：根据前两个月的情况进一步优化配送路线并跟踪货物等

续表

岗位	绩效要求	工作任务分解	时间节点	资源需求	风险因素	应对措施	月度计划
市场专员	提升品牌知名度20%，每月获取一定数量新客户	制订市场推广计划、执行线上线下推广活动、分析市场数据	月初制订计划，每月中旬和下旬执行活动，月底分析数据	推广经费、广告资源、市场调研工具	推广效果不佳、竞争对手干扰	调整推广策略、加强市场监测	1月：制订本月市场推广计划，中旬执行部分线上活动，下旬执行线下活动并开始准备下月计划；2月：根据1月活动效果调整计划并执行，月底分析数据；3月：总结前两个月活动，进一步提升品牌知名度并制订新计划等

通过以上步骤，可以制订出与企业组织绩效和岗位绩效紧密结合的工作规划，为个人和企业的发展提供有力支持。

如果说，企业是一座金字塔，那么战略就是塔尖，表达的是企业"要实现什么"，是至高无上的目标；KPI就是金字塔副顶尖，它让企业战略有了足够的稳定支撑；工作规划则是非常重要的塔基部分，尽管它不是金字塔的底层，但它让KPI有了可以落地实行的具体场景，为整个金字塔构建起了一个系统性的组织结构，能够指导基层的每一个人应该做什么、什么时候做什么。这个完整的金字塔，让企业的战略最终以一种崭新的形态呈现在每一个组织成员的身上，打通了从战略到执行、从顶层到基层的行动通道。企业工作规划，是企业战略达成中非常重要的一环。

承诺控制：用 PBC 让企业与员工共同成长

没有人愿意违背承诺，从人的心理层面来讲，违背承诺会承担极大的心理压力，即便没有人怪罪，也会内疚、自责。希望自己是一个品德高尚、遵守承诺的高洁之人，这是人的一种自我实现本能。也正是因为如此，承诺就是一种签字，采用承诺法对员工执行情况进行控制，可以发挥出非常不错的管理效果。工作规划制订出来之后，如何让员工有效地去达成，PBC 就是一个不错的方法。

PBC 是一种强大的绩效管理工具。是承诺控制的一种管理工具，最初是由 IBM 发起的一种考核管理方法。即个人业务承诺（Personal Business Commitment），早在 1996 年，IBM 就制定了 PBC 考核制度，后来华为也引进了这一考核方法。

PBC 的基础是企业战略和经营目标，考核方式是层层分解目标和工作，并通过绩效承诺的方式来对员工形成约束力、监督力。要想正确使用 PBC 这一工具，我们首先要对它有充分、深刻的认识。

IBM 最初制定的 PBC 有三大原则，即 Win、Executive、Team。Win，是指制胜力，这是一个结果导向的原则，简单来说就是目的地是哪里，为了到达这个目的地所能够付出的努力就是制胜力。Executive，是指执行力，企业战略的执行、企业发展目标的确定、企业具体工作任务的实施，都离不开执行力，执行力是保证个人、部门、企业完成目标的重要保证，这是一个过程导向的原则，也就是为了完成目标，具体需要做什么。Team，是指团队目标，每一个企业都是一个组织，不管规模大小、人数多少，即便是再优秀的人才，单兵作战也远远比不上团队的力量，这是一个组织支持导向的原则，也就是为了完成目标，需要团队配合做什么。

如今的 PBC，经过多年发展以及不同企业的实践，变得越来越丰富、越来越完善。以 IBM 为例，现在的 PBC 管理主要包括三个层面的目标。

一是业务目标。业务目标是在团队目标和部门目标的基础上制定的，在这一层面，可以从管理层、各部门到每个个人对业务达成什么样的结果作出承诺，企业在确定业务目标时，要有意识地主动鼓励员工去完成有挑战性的目标。

二是员工管理目标。员工管理目标是由企业的管理者制定的，其目的是完成自己的管理任务。对于企业来说，员工管理目标的制定和执行至关重要，可以说，这是企业战略执行过程中的一个子系统或组成部分，只有员工管理的目标实现，企业的战略执行才有可能达到预期。

三是个人成长目标。个人成长目标也就是员工个人的成长，简单来说，就是个人想在能力、技能上有怎样的提升和成长。需要注意的是，个人成长目标的制定，一定要与个人的业务目标挂钩，与部门的业务目标挂钩，与企业的战略落实和长远发展挂钩，脱离了这些去制定个人成长目标，对于企业来说，是没有多少实际价值的。

那么，企业要如何使用PBC来实现企业战略执行的承诺控制呢？

第一步：撰写部门PBC。部门PBC包括三大部分：一是PBC计划，企业要重视愿景描述、目标牵引以及价值观影响，鼓励员工积极参与设定明确、可衡量、简洁和结果导向的个人业绩目标，达成公司和部门的成功，关注个人和组织成长；二是PBC辅导，营造最佳激励氛围，真正帮助部门组织成员解决工作问题，把关注人放在首位，以促进人的发展为导向，从而最终实现成员与组织的共同成长；三是PBC评价反馈，PBC结果的衡量集合评价基于设定的个人业绩目标的达成程度，也就是说，员工个人业绩目标要与组织绩效达成一个平衡点，既要客观反映员工个人的绩效情况，又要在一定程度上反映组织绩效，"大河无水小河干"，在不考虑组织绩效的情况下，对个人业绩进行评估，往往会出现"企业利润少""无钱可发"等尴尬情况。

第二步：撰写管理者PBC。管理者在企业当中发挥着非常重要的作用，其工作完成的情况，直接关系所管理部门的目标达成，因此企业一定要重视管理者PBC。

表6-5 管理者PBC内容示意

一、结果目标承诺（Winning）					
KPI指标	权重	红线值 80	目标值 100	挑战值 120	实际值	得分
产品目标成本未达标数	10%	8	6	4		

二、执行措施承诺（Execute）		
编号	关键举措、里程碑、衡量标准	得分

三、团队合作承诺（Teamwork）			
编号	目标	权重	衡量标准	得分

第三步：撰写二级部门到关键岗位PBC。撰写二级部门到关键岗位PBC，并不复杂，只要我们遵循以下六大步骤，就能够很好地做好这项工作。

一是找出二级部门中的关键性岗位，然后根据各岗位的工作职责和具体工作内容情况等，明确出各关键岗位PBC的要点，确定了要点后，要与关键岗位的任职人澄清要点，双方达成共识。

二是列出二级部门的年度重点工作，然后以此为基础拆解为日常工作，为了实现可视化高效管理，建议用分解地图的形式呈现出来。

三是分别把各关键岗位进行细化，细化的标准是，要梳理出承接的工作目标、举措、衡量标准等。在细化的过程中，要遵循公开、公正、公平、透明的原则，可以有效降低组织内耗，提升工作效率。

四是各关键岗位按模板制定PBC。需要注意的是，企业在按照模板制定关键岗位人员的PBC时，切忌生硬死板，不同的岗位，由于工作内容、工作性质有很大不同，因此在PBC制定时，要充分灵活地进行因岗制宜，只有这样，制定出来的PBC，才是最合适的。

表6-6　PBC建立在职位基础上的个人绩效承诺

结果目标承诺W（Winning）；执行措施承诺E（Execute）；团队合作承诺T（Teamwork）

	错误承诺目标	承诺目标
结果目标承诺	做好A单板的优化工作	完成A单板的优化工作，单板综合直通率达到95%
执行措施承诺	完成A单板2.0的原理图修改	5月15日前完成A单板2.0的原理图修改，并同步更新详细设计文档
团队合作承诺	注意与相关部门的沟通，提高周边部门满意度	加强与BOM中心和TQC的交流，保证清单和器件造型的正确性

五是部门主管审视PBC以及工作量评估，完善工作量不饱和的PBC。对于工作量不饱和的岗位或人员，部门主管要充分发挥管理作用，可以采用两个或多个不饱和岗位合并、人员转岗、人员分流等多种方法来完成工作量不饱和的PBC，此外增加部门目标从而让部门工作量更饱和，以弥补不饱和工作量的岗位，也是可行的。

六是关键岗位PBC签署。管理者制定个人PBC后，要统一形成如下表所示的个人PBC承诺表，然后统一发放，统一签署并保存。为了让承诺控制更有效，企业可以在PBC签署时举办集体"誓师大会"、全员"军令状"宣读仪式等，还可以将个人PBC制作成精美的日历、桌面摆件等，方便员工放在每天都可以看到的地方。这些做法都可以很好地强化承诺控制的效果。

表6-7　个人PBC内容模板

结果目标承诺（Winning）				
编号	工作目标	权重	衡量标准	得分

续表

执行措施承诺（Execute）		
编号	关键举措、里程碑、衡量标准	得分

团队合作承诺（Teamwork）				
编号	目标	权重	衡量标准	得分

总的来说，PBC 承诺控制主要包括：制订计划、帮助辅导、结果评估和绩效面谈。企业可以在年初自上而下制订计划，管理者根据企业战略目标一步步拆解出部门 PBC、管理者 PBC、关键岗位 PBC、个人 PBC 等；在执行计划的过程中，企业和管理者要提供帮助、支持和辅导，以便帮助大家更好地完成自己的工作目标；年底要自上而下进行结果评估，得出从部门、管理者到个人的评估结果；最后针对评估结果，分别组织关于绩效的面谈，对于没有达标的部门或个人，通过面谈查找原因，弥补不足，对于达标的个人，则可以通过面谈谨防骄傲自满情绪的滋生，总结经验，推广经验，进而促进整个企业员工的进步。

目前，已经有许多的企业开始采用 PBC 来实现个人与员工的共同成长，即在绩效指标和关键任务项逐步拆解之后，和员工签订 PBC 合同。进行企业和员工的双向奔赴。

在 PBC 体系中，员工明确自己的业务目标，如提升销售额、完成特定项目等；确定关键任务，细化为具体的行动步骤；同时承诺践行企业价值观。PBC 为员工指明了努力方向，让他们清楚自己在企业中的角色和责任。对于企业而言，PBC 有助于实现战略落地，将宏大的目标分解为每个员工的具体行动，提高整体绩效。它促进团队协作，因为员工在完成自己承诺的过程中往往需要与他人合作。此外，PBC 还能推动员工个人成长，激励他们不断提升技能和能力。

PBC 的主要指标内容以及如何制定。

1. 承诺目标

PBC 通常包含明确的业务目标承诺，这些目标与个人的工作职责和组织的整体目标紧密相关。目标可以是定量的，如销售额、生产数量等具体指标；也可以是定性的，如提高客户满意度、提升团队协作能力等。

例如，一位销售人员的 PBC 目标可能包括在本季度内实现销售额增长 20%，开拓新客户数量达到 10 个。

2. 关键任务

除了目标承诺，PBC 还明确了为实现目标需要完成的关键任务。这些任务是具体的行动步骤，有助于将目标转化为实际的工作内容。

比如，为了实现销售额增长的目标，销售人员的关键任务可能包括制订详细的销售计划、加强客户拜访和沟通、参加行业展会拓展客户资源等。

3. 价值观践行

PBC 往往也强调个人对组织价值观的践行。组织的价值观是指导员工行为的准则，通过在 PBC 中体现价值观践行，确保员工在工作中不仅关注业务目标的实现，还注重以正确的方式开展工作。

例如，一家强调创新和团队合作的公司，员工的 PBC 可能要求在工作中积极提出创新想法，并与团队成员密切合作，共同解决问题。

表6-8　PBC（个人业务承诺）模板

个人绩效承诺(PBC)					
业务目标（Business Goal）（70%）					
本人的业务目标必须卓越运营战略以及本BU/FU的目标有效连接，同时保证所倡导的核心价值观保持一致，要求指标总数不超过10个，5~7个为宜					
绩效领域	考核指标	年目标值	实际值	权重	个人绩效得分
用户	按约上门率	>85%	80%	20%	
	一次到位率	>80%	76%	20%	
	用户抱怨降低率	<1.5%	3%	10%	

续表

用户	超三天遗留信息降低率	<20%	39%	10%	
	服务满意度指数（CSI）	>90	88	10%	
客户	售前支持满意度	>90	80	10%	
内部运营	长途费用降低率	<1.8%	2.5%	10%	
	返品降低率	<3%	4%	10%	
员工管理目标（People Management Goal）（20%）					
设定3~5个支持组织绩效提高的目标，应包括员工管理、下属发展和团队建设等内容					
序号	员工管理项目	权重	目标值	自我评价	直线经理评价	直线经理综合评价
1	拓展训练	10%				
2	专家培训、经理人培训	10%				

个人发展目标（Individual Deveolpment Goal）（10%）

设定3~5个支持业务目标的需要提高的个人能力，个人发展目标应该支持"个人发展计划"和其他有关学习培养计划、职业发展计划、岗位升迁等

序号	个人发展目标	权重	年度行动计划	自我评价	直线经理评价	直线经理综合评价
1	个人升级					
2	国外培训					
3	服务总监培训					

过程控制：五步控制法让执行更有力

企业战略到执行落地是一个并不短暂的发展过程，在战略到执行的发展过程中，缺乏激励、组织混乱、管理缺位、执行力不够、突发意外情况等多种因素，都会让企业战略在执行落地的过程中打折扣，甚至直接导致企业战略最终"大化小、小化无"，成为空中楼阁。

要想让制定好的战略能够最大限度地执行下去，减少干扰因素，就必须对从战略到执行的整个过程进行控制和管理。

过程控制可以十分有效地减少生产材料的浪费、增加产品合格率、提升生产效率。然而绝大多数企业在战略的执行问题上，却往往会忽视"过程控制"。

制定战略的时候豪情万丈，每一个员工都跟着心潮澎湃、充满干劲，可后续却没有相应的过程控制，当员工们的鸡血情绪快速消退后，一切又回到了"按部就班"的老样子，花大力气制定的企业战略却成了一纸空文，除了在开大会时能给大家打打鸡血、画画大饼，就再无他用。

很多时候，管理者抱怨战略没有用，并不是真的战略有问题，而是没有做好从战略到执行的过程控制，再好的战略，没有执行力，结果也会是0。在制定了战略之后，必须花大力气做好战略执行的过程控制。五步控制法，可以很好地帮助我们做好战略执行的过程控制。

第一步：定目标。如前文所述，企业的战略只有落实到每个部门、每个人的工作目标上，才能真正发挥作用。定目标简单来说，就是把企业的战略转化为管理指标，并设置好合理的目标值，再将目标值按照从上到下的组织层级进行一步步分解，最终形成每个部门、每个员工的工作目标值。

表6-9 工作表格

序号	管理指标	目标值	分解类型	目标分解				

需要注意的是，定目标要充分考虑到企业的实际情况，实事求是地制定出"跳一跳能够得到"的目标，一个刚成立的草台班子目标是半年上市，绝大多数人都认为无法实现的目标，即便制定了也是毫无意义的，因为没几个人愿意为此付出努力。定目标不能好高骛远，只有符合绝大多数人的预期，才能充分调动起员工的积极性。

目标不能只对应"任务"，而不体现"奖励"，只要求员工努力奋斗，却不涨一分钱工资的企业都是要流氓，也必然会失去"民心"，难以真正让战略落地。在定目标的同时，要设置一定的奖惩机制，比如100%完成任务奖励升职加薪，完成任务低于60%的员工降薪或辞退等。奖惩机制是保证目标被战略执行人充分重视的关键工具。

第二步：签承诺。签承诺，通俗来说就是"立军令状"，在明确了目标和具体任务后，由战略执行人与企业就具体任务及其对应的奖惩措施等签订责任书。需要注意的是，签承诺千万不要陷入形式主义的陷阱。签完承诺不等于战略执行到位，也不意味着战略执行过程控制的终结，这只是一个加强员工执行战略的方法，而不是要达成的结果。年年签承诺，但根本不发挥实际作用，最后演变成了"走过场"，在不少企业都存在这种情况，一定要引以为戒。

第三步：追过程。对员工执行战略的情况进行长期定时跟进，是保证企业战略顺利执行的重中之重。没有过程，就不会有结果，有什么样的过程，就会有什么样的结果。只看结果，不看过程的管理思路，看似十分有道理，但实际上却是低效的。要想让企业战略真正落地执行，就一定要追过程。我们可以通过定期开质询会议的方式来强化对过程的管理。

企业可以根据实际情况，拟定自身的质询会议时间和周期。一般来说，质询会议要包括管理指标、年度目标值、累计完成值、上月目标值、上月完成值、达成差异、自我原因检讨、改善措施等要素，下面的质询会议表可供参考。

表6-10 质询会议表格

管理指标					
年度目标值	累计完成值	累计占比	上月目标值	上月完成值	达成差异
得与失	得到				
	失去				
自我原因检讨					
下个月行动改善措施	改善措施	预计产出结果	执行时间	检查人	自我约束

第四步：找差距。对于执行不到位的员工，不能听之任之，也不宜抱着"不解决问题，而是解决产生问题的人"的思路进行处置。在实际的企业管理过程中，更换员工往往不仅不能快速解决原来存在的问题，还会引发一系列新的问题。明智的做法是帮助员工找差距，并帮助他们能够更好地完成自己的任务。

一般来说，我们可以通过绩效过程管控和与员工进行沟通辅导的方式，来帮助员工意识到自己实际工作与任务目标之间的差距、不足、弱势，了解他们工作中的困难点，并按照具体问题具体分析的思路，协助其拟定具体的改进方向和办法。如此一来，自然能够有针对性地解决战略执行过程中出现的各种问题，从而有力保证战略的无损耗执行。

表6-11 绩效辅导沟通表格

员工姓名		部门		岗位	
辅导时间		辅导地点		是否依计划	
过去值得肯定的地方	关键工作成效或优秀行为			举事例来说明	
绩效指标回顾	绩效指标项	计划目标	实际目标	优秀和不足原因或困难点分析	

续表

待改进点与行动措施	待改进点	行动措施	完成日期

第五步：拿结果。结果是检验企业战略执行的最根本标准，必须重视战略执行的结果，一来可以对此前战略的执行情况做总结，明确战略执行的情况，挖掘战略执行层面的不足；二来可以帮助企业为以后的战略制定以及战略执行提供参考和借鉴；三来这也是对员工进行执行力教育的一种有效方式。

一般来说，我们可以通过月度、季度、年度工作总结的方式来看战略执行的结果，企业可以根据实际情况将其与例行的业务会议合并组织召开。需要注意的是，与一般业务会议不同的是，战略执行的总结会有其特殊性。

不管是月度、季度总结会，还是年度总结会，都必须包括：年度目标达成情况、工作规划执行落地情况、新增关键工作事项、专案工作项目、个人学习与成长、团队建设与成长、个人需要改善点、年度业务总述和自我评价与评因等核心要素（见图6-2）。

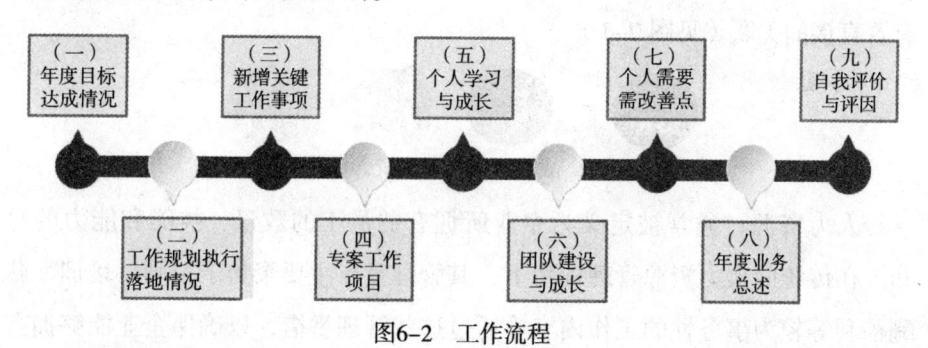

图6-2 工作流程

过程决定结果，无数企业的实践充分证明：只要结果，不管过程的战略执行，注定难以取得好的执行效果。及时、合理的过程控制，可以大大提高企业战略的执行力，企业不仅要重视企业战略的制定，更要充分做好战略执行中的过程控制。

第七步　激活人力资本：战略达成的最关键因素是人

从人力资源到人力资本的，激活人力效能

激活人的潜能是企业迈向最终成功的关键之举，正如前文第六步所讲，到了这个阶段，虽然已经明确了工作的步骤、目标、路径。但是如果组织涣散、人心浮动、能力不足，哪来从战略制定到落地的执行力？人是企业的第一生产力，人也是企业的最小组成单位，如何有效地激活人的潜能，打通企业战略到执行的最后一环，已然成为众多企业在当今激烈且复杂多变的市场竞争环境中脱颖而出、实现持续稳定发展并迈向卓越的关键。

战略的达成和员工的个人能力、在工作中的积极性以及员工努力的方向有着直接的关联（见图7-1）。

战略达成 ＝ 员工能力 × 工作热情 × 努力方向

图7-1　战略达成与人力资源的关系

人力资源，通常被定义为企业所拥有的员工的数量、技能和能力的总和。在传统的人力资源管理视角下，其管理重点主要聚焦于招聘、培训、薪酬福利等较为事务性的工作内容。通过这些管理举措，以确保企业能够拥有足够数量的人员来顺利完成各项既定的任务。在这个过程中，人力资源管理更多地将员工视为一种成本要素，侧重于对人员的控制和规范，以实现企业的高效运转和资源的合理配置。然而，随着时代的发展和市场竞争的加剧，这种传统的管理模式逐渐显露出其局限性。

而人力资本则以全新的视角强调对员工的深度投资和全面开发。它将员

工视为企业最为重要的资产之一，高度关注员工所拥有的知识、技能、经验以及创造力等能够为企业带来显著价值增值的关键因素。人力资本管理的核心目标在于充分激发员工的内在潜力、持续提升员工的综合能力，进而实现企业与员工的共同成长与发展。这种管理模式不仅是对员工的管理，更是一种对企业未来的投资和战略布局。

可以通过以下三个方面激活人力资本，提升人力效能。

1. 打造卓越人才供应链

企业面临的问题是不同岗位如何建立内外部持续的人才供给。这意味着企业需要思考如何从内部培养和选拔人才，以及如何从外部吸引合适的人才进入企业，以满足不同岗位的需求，确保人才供应的稳定性和持续性。

2. 保留核心员工

核心、熟练员工流失是企业最大的损失。企业应重视核心员工的保留，采取措施提高他们的满意度和忠诚度，防止他们的流失，因为他们对企业的稳定发展和竞争力起着至关重要的作用。

3. 提升人力成本贡献率

关键在于如何最大限度地开发员工的组织效能。企业需要探索有效的方法来充分发挥员工的能力，提高工作效率和质量，从而使投入的人力成本能够产生更高的价值回报。

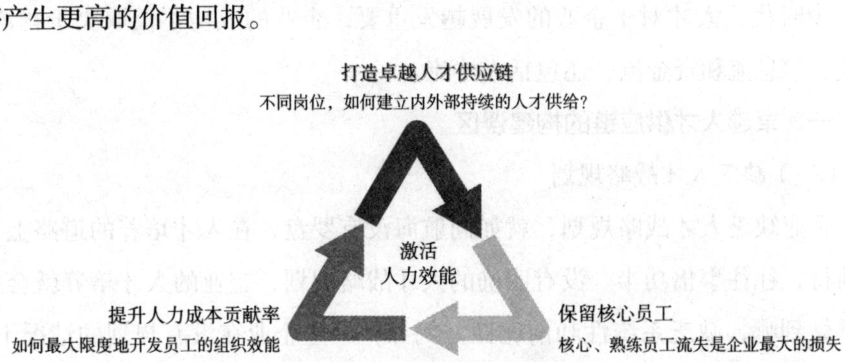

图7-2 激活人力效能图示

打造卓越人才供应链：企业发展的关键引擎

很多企业在战略执行落地的过程中会面临：
- 合适的员工招不到；
- 愿意来的人又不合适；
- 部分岗位员工离职后存在职责真空；
- 内部培养周期又长；
- 外部招聘又无法适应企业的土壤去成长；
- 员工成熟后，又被挖走；

……

如此往复，像慢性疾病一样煎熬着企业。

企业对于人才的需求日益多样化和专业化。不同岗位的人才要求各不相同，这给企业的人才管理带来了巨大挑战。打造卓越人才供应链成为企业持续发展的关键任务之一。

人才供应链良好运转的企业取得成功的概率更高。例如世界500强沃尔玛，其取胜之道之一就是卓越的供应链管理能力，其中也包括人才供应链。在当今时代，人才对于企业的发展越发重要，企业的成功不仅取决于物流、商流、信息流和资金流，还包括人才流。

一、卓越人才供应链的构建误区

（一）缺乏人才战略规划

企业缺乏人才战略规划，就如同航海没有罗盘，在人才培养的道路上盲目前行，往往事倍功半。没有明确的人才战略规划，企业的人才培养就会想到哪做到哪，缺乏系统性和前瞻性。例如，一些企业在没有规划的情况下，随意安排员工参加各种培训课程，却不知道这些培训是否真正符合企业未来的发展需求。这样的培养方式不仅浪费了企业的资源，还可能导致员工的能力与企业的实际需求不匹配，无法为企业的持续发展提供坚实的基础。

(二)缺乏人才标准

企业在人才标准上容易陷入误区,给人才供应链的构建带来极大阻碍。唯业绩论在很多企业大行其道,但这并不利于企业的长远发展。企业的发展不仅依靠业绩,更需要员工能力的提升。缺乏全面系统的人才标准,会使人才培养方向五花八门。比如,有的企业在招聘和培养人才时,只看重学历,认为高学历就等于高能力;有的企业则过分强调资历,忽视了员工的实际能力和潜力。实际上,企业在不同的发展阶段,对人才标准的定义是不同的,对不同岗位、不同层级的人才标准也应有所差异。只有建立全面、系统的人才标准,企业才能有源源不断的人才供应。

(三)缺乏有效的人才培养方法

企业常见的人才培养方法存在明显问题。很多企业认为聘请外部知名讲师到企业授课,或者把员工送到外部机构去学习,只要投入资金去做人才培养,就可以打造人才队伍,建立人才体系。然而,现实并非如此。人才培养需结合人才战略规划和人才标准,而非盲目投入资金。例如,一些企业花费大量资金让员工参加各种培训,但由于没有结合企业的实际需求和人才标准,培训效果并不理想。员工虽然学到了一些知识和技能,但回到工作岗位后,却发现无法将所学应用到实际工作中。只有根据企业的人才战略规划和人才标准,有针对性地开展人才培养工作,才能真正提高员工的能力,为企业打造卓越的人才供应链。

二、用任职资格体系打造人才供应链

(一)明确员工发展目标与岗位关系

任职资格体系在明确员工发展目标与岗位关系方面起着至关重要的作用。在传统的企业管理中,员工往往只清楚自己的工作对于企业的价值,却对工作与自身职业发展的具体关联感到模糊。例如,一位软件工程师在编写代码时,虽然知道这些代码能够实现特定的功能,但不清楚这对自己的职业发展意味着什么。这种模糊性使得员工在工作中处于被动状态,被管理者推着前进,而不是主动地、自发地努力工作。

任职资格体系则改变了这种状况。它通过明确员工的发展目标与岗位之间的关系，让员工在努力工作的同时，清晰地看到工作结果对自身发展的贡献度。比如，在一个拥有完善任职资格体系的企业中，软件工程师可以清楚地了解到，完成不同难度的代码编写任务、参与特定的项目开发等工作，会对应着不同的任职资格等级提升，而每一次等级提升又会带来职业发展上的新机遇，如晋升、薪酬增长、更多的培训资源等。这样一来，员工就会从被动工作转变为主动努力，积极地为实现自身职业发展目标而奋斗，从而实现企业与员工的共同成长（见图7-3）。

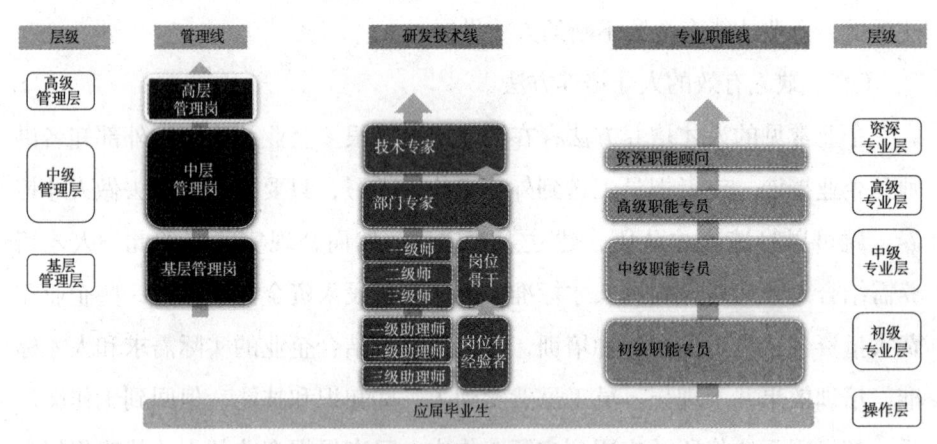

图7-3 多通道发展

（二）引导员工发展，打造人才体系

企业可以通过对任职资格进行管理，有效地引导员工朝着企业规划的方向发展，进而打造出强大的人才体系。任职资格体系并非简单地等同于《岗位说明书》中的任职资格。《岗位说明书》中的任职资格主要定义了每个岗位的基本入职条件，包括知识、技能和素质等方面，但这些条件没有进行有差别的定级，难以成为员工培养的有力依据。

任职资格，是结合员工能力发展的一般规律和企业业务发展的特点，总结提炼出同一类人员在不同等级时所应具备的知识标准、能力标准、行为标准等。例如，在技术岗位中，初级技术人员可能需要掌握基本的专业知识和技能，能够完成一些常规的任务；中级技术人员则需要在专业知识和技能上有更深入的理解和掌握，能够独立承担一些复杂的项目；高级技术人员则不仅要具备深厚的专业知识和高超的技能，还需要具备领导团队、进行技术创新等能力。

企业依据这些不同等级的标准，可以开展有针对性的人才培养工作。员工也可以根据不同等级的标准规定，明确自己的努力方向，有针对性地提升自己的各方面能力。例如，员工可以通过参加内部培训课程、参与项目实践、自主学习等方式，不断提升自己的任职资格等级。这样，企业就能够实现人才发展和企业发展的相统一，为企业的持续成功提供坚实的人才保障。

任职资格体系在明确员工发展目标与岗位关系、引导员工发展打造人才体系方面具有重要意义。企业应充分认识到任职资格体系的价值，积极构建和完善这一体系，以实现企业与员工的共同发展（见图7-4）。

知识部分
行业知识，产品知识，专业知识，组织文化，组织结构，基本规则和程序以及流程

01

02

技能部分
计划、决策、沟通、理解、领导、创新等技能

03

能力素质
团队合作，责任，服务意识，主动性，诚信，忠诚等

经验部分
主要考量人员在目标职位上的过往经验或相关适应性经验

04

05

其他外显特质
针对职位特点所要求的学历、年限等具有明确外显性的指标。

图7-4　任职资格考核维度

（三）聚焦关键高潜力少数，创造巨大价值

关键少数是企业持续实现高绩效状态的核心。关键少数的产生需要经过"管培生—高潜人才—后备干部—关键少数"的层层筛选，这就像从众多矿石中筛选出最高价值的金子一样。

在建立漏斗路径时，要保证前端口足够大，目的性足够强。企业应广泛吸纳优秀人才，为关键少数的选拔提供充足的基础。例如，一些企业通过大规模的校园招聘和社会招聘，吸引了大量的管培生和高潜人才，然后经过系统的培养和选拔，逐步筛选出关键少数。

关键少数能够引领组织走向持续的高绩效均衡。他们在企业中发挥着重要的领导和示范作用，带动其他员工共同进步。据调查，拥有强大关键少数的企业，其业绩的增长速度比没有明确关键少数的企业高出 40% 左右（见图7-5）。

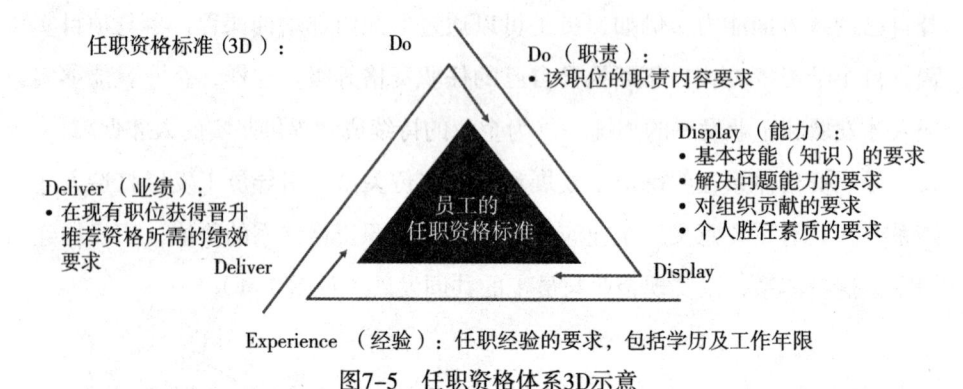

任职资格标准（3D）：

Do（职责）：
- 该职位的职责内容要求

Display（能力）：
- 基本技能（知识）的要求
- 解决问题能力的要求
- 对组织贡献的要求
- 个人胜任素质的要求

Deliver（业绩）：
- 在现有职位获得晋升推荐资格所需的绩效要求

Experience（经验）：任职经验的要求，包括学历及工作年限

图7-5　任职资格体系3D示意

三、打造人才供应链的五个方法

当任职资格标准明确后，企业就可以"按表操课"，也就是企业明确了岗位的具体能力、知识、技能、经验、行为、成果等要求，这时就可以从杨国安教授提出的"5B"打造卓越人才供应链的角度进行分析并采取相应措施：

（一）外部招聘（Buy）

1. 精准定位人才需求

深入分析企业战略和业务需求，明确所需人才的技能、经验、性格特点等要求。例如，一家科技创业公司在拓展新业务领域时，确定需要具备特定技术专长、创新思维和团队协作能力的人才。

通过与业务部门紧密合作，了解岗位的实际工作内容和挑战，确保招聘目标清晰明确。

2. 拓宽招聘渠道

利用多种招聘渠道，包括线上招聘平台、社交媒体、专业人才社区、校园招聘、猎头服务等。例如，在社交媒体上发布有吸引力的招聘信息，吸引行业内的专业人士关注；与高校建立合作关系，提前锁定优秀毕业生。

针对不同类型的人才，选择最有效的招聘渠道。例如，对于高端技术人才，可以通过专业人才社区和猎头服务进行招聘。

3. 优化招聘流程

建立高效的招聘流程，从简历筛选、面试、背景调查到录用决策，确保每个环节都快速、准确。例如，采用自动化简历筛选工具，提高筛选效率；优化面试流程，采用多轮面试和不同的面试方法，全面评估候选人。

缩短招聘周期，提高候选人的体验。例如，及时回复候选人的咨询和反馈，让候选人感受到企业的专业和高效。

（二）内部培养（Build）

1. 制订人才培养计划

根据企业的发展战略和人才需求，制订个性化的人才培养计划。例如，对于管理岗位的后备人才，可以制订领导力发展计划；对于技术岗位的员工，可以制订专业技能提升计划。

明确培养目标、内容、方法和时间节点，确保培养计划的可操作性和有效性。

2. 提供多样化的培训机会

开展内部培训课程，包括专业技能培训、管理培训、职业素养培训等。例如，邀请内部专家或外部讲师进行培训讲座；组织内部研讨会和分享会，促进员工之间的知识交流和经验分享。

鼓励员工参加外部培训和学习活动，如行业会议、研讨会、在线课程等。例如，为员工提供培训经费和时间支持，让员工有机会接触到最新的行业知识和技术。

3. 建立导师制度

为新员工和有发展潜力的员工指定导师，提供一对一的指导和支持。导师可以分享自己的经验和知识，帮助员工快速成长。例如，在一家大型企业中，新入职的员工会被分配一位经验丰富的导师，在工作和职业发展方面给予指导。

建立导师激励机制，鼓励导师积极参与人才培养工作。例如，对表现优秀的导师进行表彰和奖励。

（三）Borrow（临时借用）

1. 灵活用工

采用灵活用工模式，如兼职、临时工、项目外包等，满足企业临时性或阶段性的人才需求。例如，在业务高峰期，企业可以招聘临时工来应对工作量的增加；对于一些非核心业务，可以外包给专业的服务提供商。

建立灵活用工管理机制，确保临时用工的质量和效率。例如，对外包服务提供商进行严格的筛选和评估，签订明确的服务合同；对临时工进行培训和管理，确保他们能够快速适应企业的工作环境和要求。

2. 合作与联盟

与其他企业、高校、科研机构等建立合作关系，共享人才资源。例如，企业可以与高校合作开展科研项目，借用高校的科研人才；与同行业企业成立战略联盟，在人才培养和交流方面进行合作。

通过合作与联盟，企业可以拓宽人才来源渠道，提高人才的使用效率。

（四）Bind（留才激励）

1. 建立有竞争力的薪酬福利体系

提供具有竞争力的薪酬待遇，包括基本工资、绩效奖金、股权激励等。例如，对于核心人才和关键岗位的员工，可以给予更高的薪酬水平和福利待遇。

完善福利体系，包括健康保险、带薪休假、员工活动等，提高员工的满意度和忠诚度。

2. 营造良好的企业文化

塑造积极向上、开放包容的企业文化，让员工感受到企业的价值观和使命感。例如，通过企业文化培训、团队建设活动等方式，增强员工对企业的认同感和归属感。

建立良好的沟通机制，鼓励员工参与企业管理和决策，让员工感受到自己的价值和重要性。

3.提供职业发展机会

为员工提供广阔的职业发展空间，包括晋升机会、岗位轮换、跨部门项目等。例如，制定明确的晋升通道和标准，让员工看到自己的职业发展前景；鼓励员工参与跨部门项目，拓宽视野和经验。

关注员工的个人发展需求，为员工提供个性化的职业发展规划和指导。

（五）Bounce（淘汰机制）

1.建立绩效评估体系

建立科学合理的绩效评估体系，明确绩效目标和考核标准。例如，采用关键绩效指标（KPI）考核法，对员工的工作绩效进行量化评估。

定期对员工进行绩效评估，及时反馈评估结果，让员工了解自己的工作表现和不足之处。

2.实施淘汰机制

对于绩效不佳、不符合企业发展要求的员工，实施淘汰机制。例如，通过绩效改进计划、岗位调整、辞退等方式，优化企业的人才队伍。

在实施淘汰机制时，要遵循合法、公正、公平的原则，确保企业和员工的合法权益。

宝洁公司始创于1837年，是世界最大的日用消费品公司之一，全球雇员近10万人，在全球80多个国家设有工厂及分公司。宝洁公司的成功关键在于其独特的"校园招聘+内部培养晋升"的人才供应链模式。

高度重视招聘：宝洁的招聘工作由高管、领导人亲自负责。在校园招聘时，明确招聘标准，尤其注重学生的领导能力，例如："你能不能带领一班同学、团队去完成一个挑战性的任务？你给我举个例子。"通过高度重视和严格筛选，挑选出优秀的人才种子。

明确标准，拒绝空降兵：180多年来，宝洁公司所有的高级员工都由内部提拔，没有从外面招入一个人作为管理者。公司提升员工的唯一标准是员工的能力和贡献，且员工的国籍也不会影响提升。宝洁很少请猎头公司，坚持内部培养、内部提拔的传统。在过去的 50 年中，宝洁所有总监以上的职位都由内部提拔。

重视员工发展和培训：员工进入公司后，宝洁非常重视他们的发展和培训。通过正规培训以及工作中直线经理一对一的指导，宝洁员工得以迅速成长。在国际上，宝洁被喻为管理的大学、商业精英的摇篮。

保留核心高贡献员工：企业发展的关键支柱

如果企业已经打造了人才供应链，优秀且符合企业需求的人才进入了公司，但是留不住核心员工，培养成熟的员工跳槽离开，那将会是企业的噩梦。保留核心员工是企业长期发展的核心竞争力，他们在企业中的时间越长，企业成长就会越好。

核心员工拥有企业所需的核心技术、广泛的外部关系以及卓越的管理技能，他们是企业关键知识和技能的拥有者，也是企业参与市场竞争的有力武器。据统计，企业核心员工虽然通常只占企业员工总数的 20% 左右，但却创造了企业 80% 以上的财富和利润。他们集中了企业 80%~90% 的技术，对企业的生产经营起关键作用。

核心员工不仅能够为企业带来直接的经济效益，还能在团队中发挥榜样作用，带动其他员工共同进步。例如，具有专业技能的核心员工可以将自己的技术传授给团队成员，提高整个团队的专业水平；具有广泛外部关系的核心员工能够为企业带来更多的资源和合作机会，拓展企业的市场份额；具有管理技能的核心员工则可以帮助企业抵御经营管理风险，节约管理成本。

核心员工是企业不可或缺的重要资源，他们对企业的长期发展起着至关重要的作用。企业应该重视核心员工的培养和管理，为他们提供良好的发展空间和激励机制，让他们在企业中发挥更大的价值。

一、何谓核心员工

核心员工在不同公司有着不同的定义，一般来讲，是指那些拥有专业知识、技能和经验，对企业的发展起着关键作用的员工。他们通常具有以下特点。

（1）专业能力强，在特定领域有深厚的专业知识和技能，能解决复杂问题。

（2）创新能力强，有创新思维和创造力，带来新的产品、服务和业务模式。

（3）忠诚度高，认同企业价值观和发展目标，愿意为企业贡献力量。

（4）影响力大，在企业内部有较大的影响力，能带动其他员工进步。

（5）掌握核心机密，接触并掌握企业核心信息，能为企业创造价值，但流失可能会导致信息泄露。

（6）培养周期长，外招困难，需长时间和大量资源投入培养，且外部招聘难找到合适的人选，新员工适应企业也需时间。

二、我们该如何通过人力资源的评价手段区分出核心员工？

既然核心人才是公司的核心资源，那我们该如何通过人才管理区分核心员工？

通过人才管理区分核心员工是企业对内部人才进行全面评估和分析，以确定哪些员工在企业中具有关键作用、高价值以及对企业未来发展至关重要，从而将其识别为核心员工，在企业资源中进行倾斜，重点保留及发展。

（一）绩效评估

对员工的工作成果、工作质量、工作效率等方面进行考核。高绩效的员工往往在工作中表现出色，能够为企业创造显著的价值。例如，销售岗位的员工连续多个季度超额完成销售任务，研发岗位的员工成功开发出具有市场竞争力的新产品等。通过绩效评估，可以筛选出那些在工作中表现突出的员工，作为核心员工的候选对象。

（二）能力素质评估

专业技能：评估员工在特定领域的专业知识和技能水平。例如，工程师的技术能力、设计师的创意能力、财务人员的财务分析能力等。具有深厚专业技能的员工能够在各自的岗位上发挥关键作用，解决复杂的问题。

领导力：对于担任管理岗位或具有领导潜力的员工，评估其领导能力，包括团队管理、决策能力、沟通能力等。具备优秀领导力的员工能够带领团队实现目标，推动企业的发展。

创新能力：考察员工的创新思维和创造力，看他们是否能够提出新的想法、改进工作流程或开发新的产品和服务。在竞争激烈的市场环境中，创新能力强的员工对企业的发展至关重要。

学习能力：评估员工的学习速度和适应变化的能力。随着市场的不断变化和技术的快速发展，员工需要不断学习新的知识和技能，以适应企业的发展需求。学习能力强的员工能够快速掌握新的知识和技能，为企业的发展提供持续的动力。

（三）潜力分析

评估员工的未来发展潜力，包括成长空间、适应能力和晋升可能性等。潜力大的员工有可能在未来承担更重要的职责，为企业的发展作出更大的贡献。例如，年轻员工虽然目前经验不足，但表现出强烈的学习欲望和快速成长的趋势，可能具有较大的潜力。通过潜力分析，可以发现那些具有成长潜力的员工，将其作为核心员工进行培养。

（四）价值观契合度

评估员工的价值观是否与企业的价值观相契合。价值观契合度高的员工更容易融入企业的文化，与企业共同发展。例如，企业强调团队合作、创新和客户至上，如果员工也认同这些价值观，并在工作中积极践行，那么他们与企业的契合度就较高。价值观契合度可以通过员工的行为表现、对企业政策的认同度以及与同事的合作情况等方面进行评估。

（五）对企业战略的贡献度

分析员工的工作对企业战略目标的实现是否具有重要意义。那些能够直接或间接为企业战略目标作出贡献的员工，往往是核心员工。例如，在企业实施市场扩张战略时，销售团队中的关键成员能够开拓新的市场，为企业带来新的客户和业务增长，他们对企业战略的贡献度就很高。对企业战略的贡献度可以通过分析员工的工作内容、业绩表现与企业战略目标的关联度来确定。

（六）特殊技能或资源

考虑员工是否拥有特殊的技能、知识或资源，这些技能、知识或资源对企业具有独特的价值。例如，员工掌握某种稀缺的语言能力，能够为企业开拓国际市场提供帮助；或者员工拥有丰富的行业人脉资源，能够为企业带来合作机会和业务拓展。拥有特殊技能或资源的员工往往在企业中具有不可替代性，是核心员工的重要组成部分（见图7-6）。

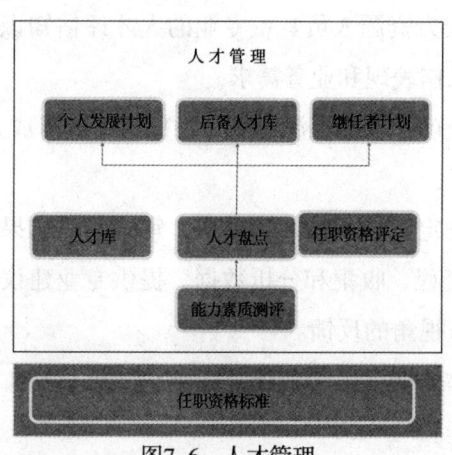

图7-6 人才管理

三、组织在随时变化，人才在随时流动，很多企业都会进行年度的人才盘点

我们会对公司的固定资产进行年度盘点，当然作为企业的核心力资源：人，该如何进行核心人才盘点管理呢？一般来讲主要有五个步骤。

（一）确定盘点目标和范围

1. 明确盘点目的

例如，确定企业的核心人才、为人才发展规划提供依据、评估团队整体实力以支持战略调整等。

如一家处于快速扩张阶段的企业，其人才管理目的可能是找出具有领导潜力和专业能力强的员工，为新业务拓展储备人才。

2. 界定盘点范围

确定哪些部门、岗位或层级的员工纳入盘点范围。可以是全公司范围，也可以针对关键部门或特定岗位群体。

比如，一家科技企业将研发部门和销售部门作为重点盘点范围，因为这两个部门对企业的创新和市场拓展至关重要。

（二）组建盘点团队

1. 成员构成

包括高层领导、人力资源专业人员、部门负责人等。高层领导提供战略视角和决策支持；人力资源人员具备专业的人才评估知识和方法；部门负责人了解员工的日常工作表现和业务需求。

例如，公司总经理、人力资源总监、各部门经理组成人才管理小组。

2. 明确职责分工

高层领导负责确定盘点的方向和重点，审批盘点结果及决策；人力资源人员负责设计盘点流程、收集和分析数据、提供专业建议；部门负责人参与员工评估、提供业务视角的反馈。

总经理把握整体方向，人力资源总监组织实施盘点，部门经理对本部门员工进行评价和推荐。

（三）收集人才信息

1. 绩效数据

绩效数据包括过往的工作业绩、目标完成情况、关键绩效指标达成度等。可以从公司的绩效评估系统中获取。

如销售人员的销售额、客户开发数量等绩效数据。

2. 能力素质评估

通过360度评估、人才测评工具等方式，收集员工在专业技能、沟通能力、团队合作等方面的表现。

采用专业的领导力测评工具评估管理人员的领导能力。

3. 发展潜力评估

分析员工的学习能力、适应能力、创新能力等，判断其未来的发展潜力。可以通过观察员工在面对新任务或挑战时的表现来评估。

例如，年轻员工在参与新项目时快速学习新知识和技能，显示出较高的发展潜力。

4. 其他信息

员工的教育背景、培训经历、职业发展意愿等。可通过问卷调查、个人访谈等方式收集。

了解员工是否有进一步深造的计划或对特定职业发展路径的期望。

（四）人才评估与分析

1. 制定评估标准

根据盘点目的和企业实际情况，确定评估员工的标准。例如，绩效表现占一定权重，能力素质和发展潜力也分别有相应的权重。

如绩效表现占 40%、能力素质占 30%、发展潜力占 30% 的评估标准。

2. 实行人才分类

可以采用人才九宫格等工具，将员工分为高绩效高潜力、高绩效中潜力、高绩效低潜力；中绩效高潜力、中绩效中潜力、中绩效低潜力；低绩效高潜力、低绩效中潜力、低绩效低潜力等不同类别。

根据评估结果将员工放入相应的格子中，以便直观地了解员工的状况。

3. 深入分析

对各类人才进行深入分析，找出他们的优势和不足，以及对企业的价值和潜在风险。例如，高绩效高潜力的员工可能是企业的重点培养对象，但也可能面临被竞争对手挖角的风险。

分析不同部门或岗位的人才分布情况，是否存在人才短缺或过剩的问题。

（五）制订人才发展计划

1. 针对不同类型人才制订个性化发展计划

对于高绩效高潜力的员工，提供晋升机会、挑战性的工作任务、领导力培训等；对于高绩效中潜力的员工，给予更多的项目锻炼和专业技能提升培训；对于低绩效高潜力的员工，进行绩效辅导和有针对性的培训。

2. 确定人才储备策略

针对关键岗位，建立人才储备库，培养后备人才。可以通过内部选拔、轮岗、培训等方式进行人才储备。

例如，为重要管理岗位确定几位后备人选，进行有针对性的培养。

3. 沟通与反馈

将盘点结果和发展计划与员工进行沟通，让他们了解自己的优势和不足，以及企业对他们的期望和发展方向。同时，听取员工的意见和建议，共同制订个人发展计划。

例如，经理与员工进行一对一的沟通，讨论员工的职业发展规划。

（六）跟踪与调整

1. 定期跟踪人才发展计划的执行情况

评估员工在发展计划中的进展和成效，及时调整计划。可以通过定期的绩效评估、培训反馈等方式进行跟踪。

2. 每季度对员工的发展计划进行回顾和调整。

根据企业战略和业务变化调整人才管理策略。

随着企业的发展和外部环境的变化，人才需求也会发生改变。因此，需要定期对人才管理进行调整和优化，以确保其与企业的战略和业务需求保持一致。

当企业进入新的市场或推出新的产品时，需要重新评估人才需求并调整盘点策略（见图7-7）。

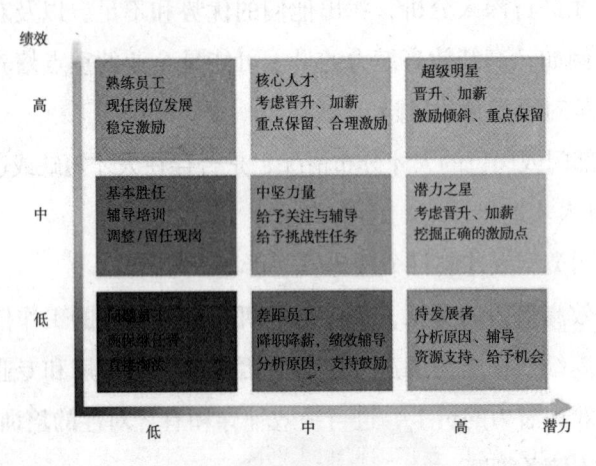

绩效			
高	熟练员工 现任岗位发展 稳定激励	核心人才 考虑晋升、加薪 重点保留、合理激励	超级明星 晋升、加薪 激励倾斜、重点保留
中	基本胜任 辅导培训 调整/留任现岗	中坚力量 给予关注与辅导 给予挑战性任务	潜力之星 考虑晋升、加薪 挖掘正确的激励点
低	问题员工 预似继任岗 直接淘汰	差距员工 降职降薪、绩效辅导 分析原因、支持鼓励	待发展者 分析原因、辅导 资源支持、给予机会
	低	中	高　潜力

图7-7　绩效与潜力象限人才盘点

四、留住核心员工的主要策略

当核心人才管理出来结果之后，我们就需要制订具体的人才保留方案了，一般来说有以下三大方法。

（一）用薪酬激励策略留人

提供具有竞争力的短期薪酬。

企业应根据市场行情和自身的财务状况，为核心员工提供具有竞争力的基本工资、绩效奖金和年终奖金等短期薪酬待遇。确保核心员工的薪酬水平在同行业中处于较高水平，以吸引和留住他们。

1. 引入中长期激励

（1）股权激励。通过给予核心员工公司股权或期权，使他们成为公司的股东，分享公司的成长和收益。股权激励可以增强核心员工的归属感和忠诚度，激励他们为公司的长期发展努力工作。

（2）分红权激励。给予核心员工一定比例的公司分红权，让他们在公司盈利时分享收益。分红权激励可以提高核心员工的工作积极性和责任感，促进公司业绩的提升。

（3）虚拟股权激励。设立虚拟股权，根据核心员工的业绩和贡献给予相应的虚拟股权份额，享受虚拟股权的分红和增值收益。虚拟股权激励具有灵活性和可操作性，同时也可以避免实际股权带来的管理成本和风险。

2. 个性化薪酬福利组合

根据核心员工的个人需求和偏好，为他们提供个性化的薪酬福利组合。例如，对于注重家庭生活的员工，可以提供更多的带薪假期和家庭福利；对于追求职业发展的员工，可以提供更多的培训机会和晋升机会。个性化薪酬福利组合可以提高核心员工的满意度和忠诚度。

（二）用职业发展策略留人

1. 制订个性化的职业发展规划

企业应根据核心员工的个人特点、职业兴趣和发展需求，为他们制订个性化的职业发展规划。这包括明确职业发展目标、制定职业发展路径、提供职业发展支持等。同时，企业还应定期与核心员工沟通，了解他们的职业发展情况，及时调整职业发展规划，以确保他们的职业发展与企业的发展相匹配（见图7-8）。

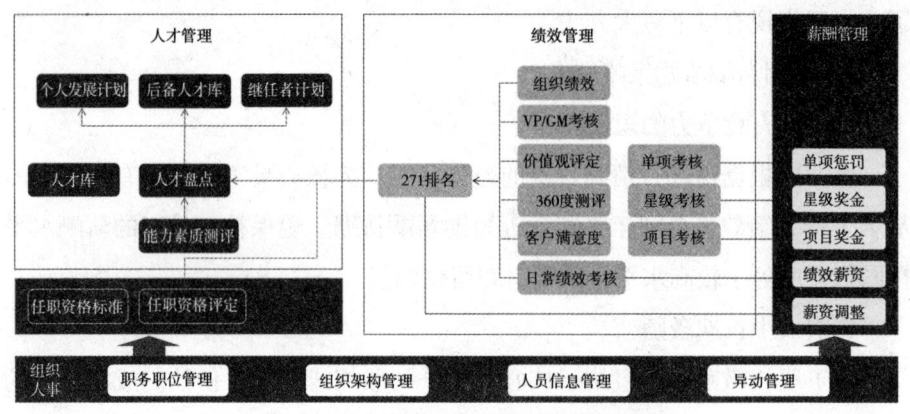

图7-8 人才管理、绩效管理与薪酬管理

271：指按照绩效考核的结果，对员工进行强制排序分布：20%绩优，70%达标，10%淘汰，用于人才发展的体系化应用

2. 提供晋升机会

企业应建立公平、公正、公开的晋升机制，为核心员工提供晋升机会。这包括明确晋升标准、规范晋升流程、加强晋升考核等。同时，企业还应鼓励核心员工积极参与内部竞聘，以提高他们的晋升机会和职业发展空间。

3. 提供培训机会

企业应根据核心员工的职业发展需求和企业的发展战略，为他们提供培训机会。这包括内部培训、外部培训、在线培训等。同时，企业还应鼓励核心员工参加行业会议、学术交流等活动，以拓宽他们的视野和知识面，提高他们的专业水平和综合素质（见图7-9）。

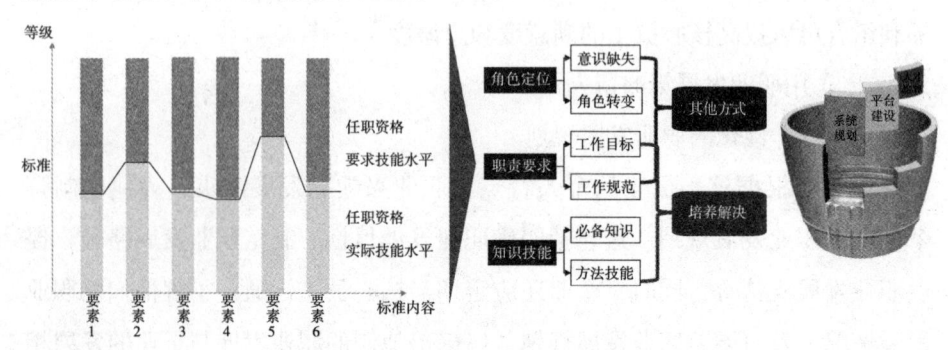

图7-9 给予个性化的人才培养体系

（三）用文化和环境策略留人

1. 营造良好的物理环境

企业应营造良好的物理环境，为核心员工提供舒适的工作场所。这包括改善办公设施、优化工作布局、保持工作场所整洁等。同时，企业还应关注员工的健康和安全，提供必要的劳动保护用品和安全设施，以确保员工的身体健康和生命安全。

2. 营造良好的人文环境

建立良好的沟通机制，让核心员工能够及时与管理层沟通，表达自己的想法和需求。同时，管理层要及时给予反馈，让员工感受到自己的意见被重视。

及时认可和奖励核心员工的优秀表现和贡献。可以通过表扬、奖金、荣誉称号等方式，让员工感受到自己的努力得到了回报。

3. 加强企业文化建设

企业应加强企业文化建设，为核心员工提供正确的价值观和行为准则。其包括明确企业使命、愿景、价值观，加强企业文化宣传和培训，促进企业文化落地等。同时，企业还应鼓励核心员工积极参与企业文化建设，以增强他们的认同感和归属感。

留住核心员工是企业管理者的重要任务。通过制定有效的策略，企业可以提高核心员工的满意度和忠诚度，降低核心员工的流失率，为企业的稳定发展提供人才支持。同时，引入人才管理的工具和方法，可以更好地识别、评估和管理核心员工，为留住他们提供有力的支持。在实施留住核心员工的策略时，企业应根据自身的实际情况，综合考虑薪酬激励、职业发展、工作环境、认同感和归属感等因素，制订个性化的留人方案。同时，企业还应不断优化和完善留人策略，以适应市场的变化和企业的发展需求。只有这样，企业才能在激烈的市场竞争中立于不败之地，实现可持续发展。

提升人力成本贡献率：企业发展的关键效能

核心员工保留下来了，怎么让他们发挥更高的效能，是企业接下来需要思考的。人力成本是企业运营成本的重要组成部分，如何最大限度地开发员工的组织效能，提升人力成本贡献率，是企业管理面临的重要挑战。随着外部环境的变化，我国已经过了人口红利的时代，企业中的人力成本占比逐年攀升，如果企业只关注人才供应链，而忽视人力成本以及其带来的贡献，很有可能陷入人力成本的泥潭。对于任何一家企业来说，人既是企业的资源，也是企业的负债。

人力成本贡献率对企业具有至关重要的意义。首先，它直观地反映了企业人力成本投入与产出的效益关系。在当今竞争激烈的市场环境中，企业需要精准地评估每一项投入的产出效益，而人力成本作为企业重要的支出之一，其贡献率的高低直接影响着企业的盈利能力。

据相关数据，人力成本占收入比在不同行业中高达 20%~60%，有些劳动力密集行业甚至更高。在这样的背景下，人力成本贡献率就成了衡量企业人力资源管理水平的重要指标。如果人力成本贡献率高，说明企业在人力成本投入方面获得了较高的回报，人力资源管理较为高效。例如，一些企业通过优化人力资源配置、提高员工技能等方式，成功提高了人力成本贡献率，实现了单位人力成本投入获得更好的效益，同时也降低了人力成本相对水平。

此外，人力成本贡献率还能为企业的战略决策提供有力支持。企业可以通过分析人力成本贡献率，了解不同部门、不同业务板块的人力成本投入产出情况，从而有针对性地进行资源调整和优化。例如，对于人力成本贡献率较低的部门，可以考虑进行人员优化、业务流程再造等措施，以提高整体效益。总之，人力成本贡献率对于企业的生存和发展具有不可忽视的重要意义。

一、降低人力成本，提升组织效能

（一）优化组织构成

1. 兼任原则

企业鼓励员工兼任多个岗位，可充分发挥员工的多面能力，提高工作效率，减少人员需求，从而降低人力成本。例如小型企业中行政人员兼人事工作、财务人员兼顾采购账目核对等，企业人力成本可降低10%~15%。

实施要点：明确可兼任的岗位范围，根据员工的能力和兴趣进行合理安排，同时提供必要的培训和支持，确保员工能够胜任兼任的工作。

2. 精简岗位

对岗位进行全面评估，合并或取消不必要的岗位，使企业更加聚焦核心业务，提高运营效率。如市场调研和数据分析岗位合并，减少重复工作，降低人力成本。

实施要点：深入分析各个岗位的工作内容和价值，寻找岗位之间的重叠和可整合之处，谨慎进行岗位调整，避免影响业务的正常开展。

3. 扩大管理跨度

合理扩大管理跨度，减少管理层级，如将三级管理变为两级管理，提高信息传递和决策效率，减少中间管理层人员数量，降低人力成本。

实施要点：评估管理者的管理能力和团队规模，确保在扩大管理跨度后，管理者能够有效地管理团队，同时保持良好的沟通和协作。

（二）流程重组及优化

1. 消除

去除不必要的流程和环节，减少浪费，如简化企业报销流程中的烦琐审批环节，提高报销效率，降低人力成本。

实施要点：对现有流程进行全面梳理，识别出不必要的环节，与相关部门和人员进行沟通，共同确定可消除的流程部分。

2. 简化

简化复杂的流程，提高工作效率，如将复杂的审批流程简化为线上审批，减少纸质文件传递和审批时间。

实施要点：分析流程中的复杂步骤，寻找简化的方法，利用信息技术手段优化流程，同时确保流程的合规性和安全性。

3. 整合

整合相关流程，实现流程的协同和优化，如将采购、库存管理和生产计划流程进行整合，提高供应链效率，降低人力成本。

实施要点：深入了解各个流程之间的关系，找出整合的机会，建立统一的流程管理体系，确保流程之间的顺畅衔接。

4. IT 化

采用 IT 化技术，替代重复性工作，如在财务部门采用自动化报表生成软件，提高工作效率和准确性。

实施要点：评估企业的业务需求和 IT 技术可行性，选择适合的 IT 解决方案，同时对员工进行培训，确保他们能够熟练使用新的技术工具。

（三）提高工作质量

1. 科技创新

加大科技创新投入，提高产品和服务的质量和附加值，增强市场竞争力，提高企业盈利能力。如制造业企业引入先进生产技术，提高产品质量。

实施要点：制定科技创新战略，投入足够的资源进行研发和创新，与科研机构和高校合作，引进先进技术和人才。

2. 提高劳动生产率

通过优化工作流程、提高员工技能等方式，提高劳动生产率，如优化生产流程，减少等待时间和浪费。

实施要点：对工作流程进行持续改进，提供员工培训和发展机会，鼓励员工提出改进建议，提高工作效率。

3. 提高附加值

不断创新，提高产品和服务的附加值，为服务业提供个性化服务，提高服务附加值，增强企业竞争力。

实施要点：关注市场需求和客户反馈，不断推出创新的产品和服务，提高客户满意度和忠诚度。

4. 创新产品品牌

打造具有影响力的产品品牌，提高产品市场占有率，提升产品附加值和市场竞争力，提高企业盈利能力。

实施要点：制定品牌战略，加强品牌推广和营销，提高产品质量和服务水平，树立良好的品牌形象。

5. 深化企业管理

加强企业管理，提高管理水平和效率，降低管理成本，如采用先进的管理方法和工具，提高管理的科学性和有效性。

实施要点：引入先进的管理理念和方法，建立健全的管理制度，加强管理团队建设，提高管理决策的科学性和执行力。

（四）提高组织和个人绩效

1. 将人力成本有关的绩效指标纳入各级管理者考核范围

通过设定合理的绩效指标，促使管理者关注人力成本和人效，如将人均产值、人力成本占比等指标纳入管理者考核体系。

实施要点：明确与人力成本相关的绩效指标，与管理者进行充分沟通，确保他们理解指标的重要性，并制定相应的考核办法和激励机制。

2. 通过提升人均产出或降低人均浪费来减少人力成本

鼓励员工提高工作效率，减少浪费，如设立奖励机制，鼓励员工提出合理化建议，降低生产中的浪费，提高人均产出。

实施要点：建立激励机制，鼓励员工积极参与成本控制和效率提升活动，对表现优秀的员工进行奖励，同时加强对浪费行为的监督和管理。

（五）自动化设备投资

1. 投资自动化设备的优势

投资自动化设备可以替代部分人工，提高生产效率，降低人力成本，如制造业采用自动化生产线可降低人力成本 30%~50%。

实施要点：评估企业的生产流程和需求，选择适合的自动化设备，进行成本效益分析，确保投资能够带来预期的收益。

2. 投资自动化设备的考虑因素

在投资自动化设备时，需要考虑设备投资成本、预期收益、使用寿命、维护成本等因素，进行详细的成本效益分析。

实施要点：制订自动化设备投资计划，对不同的设备方案进行比较和评估，选择性价比最高的设备，同时考虑设备的维护和升级需求。

（六）人员组合

1. 合理安排人员

根据员工的技能和特点，合理安排工作岗位，充分发挥员工的优势，如将技术能力强的员工安排在研发岗位，将沟通能力强的员工安排在销售岗位。

实施要点：对员工进行能力评估和职业规划，了解员工的优势和兴趣，进行岗位匹配，提高员工的工作满意度和绩效。

2. 优化人员结构

调整人员结构，提高团队的协作能力和工作效率，如增加技术人员比例，提高企业技术创新能力。

实施要点：根据企业的发展战略和业务需求，制订人员结构优化方案，进行人员招聘和调配，确保团队的能力和结构与企业的目标相匹配。

（七）业务外包

1. 适合业务外包的岗位

清洁工、绿化人员、司机、法律顾问、售后服务人员等岗位适合业务外包，这些岗位工作内容相对单一，专业性较强，通过外包可降低企业管理成本和人力成本。

实施要点：评估企业的业务需求和外包可行性，选择合适的外包服务提供商，签订明确的合同和服务协议，确保外包服务的质量和合规性。

2. 业务外包的优势

业务外包可以降低企业的管理成本和人力成本，提高专业化水平，如将售后服务外包给专业服务公司，提高服务质量，降低管理成本。

实施要点：对外包服务进行监督和管理，建立有效的沟通机制，及时解决问题，确保外包服务能够满足企业的需求。

二、建立人力资源效能仪表盘

在提升人力成本贡献率的过程中，企业需要关注相关指标的分析。例如，通过分析人力成本贡献率、人事费用率、劳动分配率等指标，可以了解企业人力成本的投入产出情况，及时发现问题并采取相应的措施进行调整。同时，企业还可以通过建立人力成本效益报表等方式，对人力成本进行更加全面、系统的分析和管理。

1. 进行人力资源及人工成本动态盘点

及时了解人力资源和人工成本的变化情况，对于企业的决策至关重要。通过定期进行人力资源及人工成本动态盘点，企业可以掌握员工的数量、结构、薪酬水平等信息，以及人工成本的总额、构成、变化趋势等情况。这些信息可以为企业的人力资源规划、薪酬调整、成本控制等决策提供依据。

2. 开展 HR 运营有效性分析

分析 HR 运营的有效性，可以帮助企业提高人力资源管理的效率和质量。HR 运营有效性分析包括对招聘、培训、绩效管理、薪酬福利等各个环节的评估，以及对 HR 部门与其他部门之间协作关系的分析。通过发现问题和改进不足，企业可以优化 HR 运营流程，提高 HR 服务水平，更好地满足企业和员工的需求。

3. 实施人力投资收益分析

评估人力投资的收益，确保人力投资能够为企业带来价值。人力投资包括员工培训、薪酬福利、人才引进等方面的投入。通过对人力投资收益的分析，企业可以了解这些投资对企业绩效的影响，评估投资的回报率，从而合理调整投资策略，提高投资效益。

表7-1 人力资源仪表盘部分指标

指标分类	指标名称	分析价值	计算公式
人员配置	员工总数	反映企业的整体人员规模。	无特定公式，直接统计人数。
	各部门人员分布	了解不同部门的人员数量占比，评估资源分配合理性。	各部门人数 ÷ 企业员工总数 × 100%。
	岗位空缺率	体现企业职位空缺情况，衡量招聘压力。	岗位空缺数 ÷ 总岗位数 × 100%。
	人员流动率（流入率、流出率）	评估企业人员的稳定性。	流入率 = 一定时期内新入职员工数 ÷ 期初员工总数 × 100%；流出率 = 一定时期内离职员工数 ÷ 期初员工总数 × 100%。
招聘选拔	招聘完成率	评估招聘工作的效果和效率。	实际招聘人数 ÷ 计划招聘人数 × 100%。
	简历筛选通过率	反映招聘渠道的质量和招聘人员的筛选能力。	通过简历筛选人数 ÷ 收到简历总数 × 100%。
	面试到场率	衡量企业对候选人的吸引力及招聘流程的合理性。	实际到场面试人数 ÷ 通知面试人数 × 0100%。
	录用比	评估选拔的严格程度。	录用人数 ÷ 应聘人数 × 100%。
培训发展	培训覆盖率	体现企业对员工培训的重视程度和覆盖范围。	参加培训的员工人数 ÷ 员工总数 × 100%。
	培训满意度	了解员工对培训内容和方式的评价。	通常通过问卷调查得出结果。
	人均培训时长	反映企业在员工培训方面的投入力度。	总培训时长 ÷ 员工总数。
	培训投资回报率	衡量培训对企业绩效的贡献。	较难精确计算，可通过对比培训前后员工绩效提升与培训成本来评估。

续表

指标分类	指标名称	分析价值	计算公式
薪酬绩效	绩效优秀率	了解企业员工绩效表现的分布情况，为人才管理提供依据。	绩效优秀的员工人数÷员工总数×100%。
	绩效达标率	评估员工整体绩效完成情况。	绩效达标员工人数÷员工总数×100%。
	绩效分布比例	分析不同绩效等级的员工占比，判断绩效体系的合理性。	各绩效等级人数÷员工总数×100%。
	绩效改进率	衡量员工在绩效方面的提升情况。	绩效提升的员工人数÷员工总数×100%。
	平均薪酬水平	反映企业整体薪酬竞争力。	企业薪酬总额÷员工总数。
	薪酬中位数	更能代表企业薪酬的中间水平。	将所有员工薪酬从小到大排序，取中间位置的数值。
	薪酬涨幅	评估企业薪酬调整的幅度。	（本期平均薪酬-上期平均薪酬）÷上期平均薪酬×100%。
	福利成本占比	衡量企业在福利方面的投入。	福利总成本÷企业总成本×100%。
员工关系	员工满意度	体现员工对工作环境、管理、薪酬等方面的满意程度。	通常通过问卷调查得出结果。
	劳动纠纷发生率	反映企业在劳动关系管理方面的情况。	发生劳动纠纷的次数÷员工总数。
	员工建议采纳率	评估企业对员工意见的重视程度和反馈机制的有效性。	采纳的员工建议数÷员工提出的建议总数×100%。
	员工活动参与率	体现企业文化建设和员工凝聚力。	参与员工活动的人数÷员工总数×100%。

续表

指标分类	指标名称	分析价值	计算公式
人员效能	人均产值	反映企业员工的生产效率和价值创造能力。	企业总产值 ÷ 员工总数。
	人均利润	体现员工为企业创造利润的能力。	企业总利润 ÷ 员工总数。
	人工成本利润率	反映薪酬资源投入产生的效益。	人工成本总额 ÷ 利润总额 ×100%。
	单位时间产出	衡量员工在特定时间内的工作成果。	总产出 ÷ 总工作时间。

三、建立对标的目标值，找到差距

提升人力成本的贡献率，需要对以上两大类方法设置相应的目标，有目标才能区分优劣。前文"降低人力成本，提升组织效能"主要是从定性的角度去进行优化，而"建立人力资源效能仪表盘"是从定量的角度去进行优化。

人力成本贡献不论从定性还是定量都可以设置一定的目标值，一般来说可以从公司内外来看，目标值来源于外部和内部；从目标的获取来看，分为标杆和标准，于是就有四个目标值可以形成对标：内部标准，内部标杆，外部标准，外部标杆。

（一）内部标准

内部标准通常是基于公司自身的历史数据和经验制定的。通过对过去一段时间内的人效表现进行评估和分析，确定一个合理的内部标准值。这个标准可以作为公司内部衡量人效的基准，帮助企业了解自身的运营效率和人力资源利用情况。

优点：

具有针对性：内部标准是根据公司自身的情况制定的，能够更好地反映公司的特点和需求。

易于理解和应用：由于是基于公司内部的数据和经验，员工更容易理解和接受这个标准，从而更好地为实现目标而努力。

缺点：

局限性：可能受到公司内部因素的限制，无法与外部市场进行有效的比较。

缺乏创新性：仅仅依靠内部标准，可能会导致企业缺乏创新和进取精神，无法及时适应外部市场的变化。

（二）内部标杆

内部标杆是指在公司内部选取表现优秀的部门、团队或个人作为榜样，以他们的人效表现作为目标值。通过与内部标杆进行对比，可以激励其他部门和员工提高自己的人效水平。

优点：

激励作用：内部标杆可以激发员工的竞争意识和进取精神，促使他们努力提高自己的工作效率和绩效。

可操作性强：由于是在公司内部选取的标杆，员工可以更加直观地了解他们的工作方法和经验，从而更容易学习和借鉴。

缺点：

范围有限：内部标杆的数量可能有限，无法涵盖所有的业务领域和工作岗位。

可能存在偏差：内部标杆的选取可能存在主观性，不一定能够代表公司整体的最高水平。

（三）外部标准

外部标准是指参考同行业或类似行业的平均人效水平制定的目标值。通过与外部标准进行对比，可以了解公司在行业中的位置和竞争力。

优点：

客观性：外部标准是基于行业数据制定的，具有一定的客观性和权威性。

促进竞争：可以促使企业不断提高自己的人效水平，以保持在行业中的竞争力。

缺点：

适用性问题：不同公司的业务模式、规模和发展阶段可能不同，外部标准不一定完全适用于每个公司。

数据获取难度：获取准确的外部行业数据可能比较困难，需要花费一定的时间和精力。

（四）外部标杆

外部标杆是指选取同行业中表现卓越的企业作为榜样，以它们的人效表现作为目标值。通过与外部标杆进行对比，可以学习先进的管理经验和方法，提高公司的人效水平。

优点：

学习机会：可以借鉴外部标杆企业的成功经验和最佳实践，为公司的发展提供有益的启示。

提升竞争力：通过向外部标杆学习，可以提高公司的人效水平，增强在市场中的竞争力。

缺点：

差距较大：与外部标杆企业相比，公司可能存在较大的差距，实现目标的难度较大。

文化差异：不同企业的文化和管理风格可能不同，外部标杆企业的经验不一定完全适用于本公司。

表7-2 内外部目标表格

目标值类型	具体指标	相关数据示例	分析
内部标准	人均月产值（内部均值）、人均月利润（内部均值）、人均月销售额（内部均值）、人均培训时长（内部均值）、内部招聘满足率。	8万元、3万元、10万元、10小时、80%。	反映公司常规运营效率水平，同时体现人力资源工作在内部的基本状况，为内部管理和考核提供参照。

续表

目标值类型	具体指标	相关数据示例	分析
内部标杆	研发部门人均月产值、销售二部人均月销售额、生产部门人均月产量、优秀部门人均培训时长、标杆部门内部招聘满足率。	12万元、15万元、500件、15小时、90%。	树立榜样，激励内部竞争和学习，为人力资源工作提供具体的优秀案例参考。
外部标准	同行业人均月产值、同行业人均月利润、同行业人均月销售额、同行业人均培训时长、同行业外部招聘满足率。	10万元、2万元、8万元、8小时、70%。	了解公司在行业中的位置，明确与行业平均水平在运营效率和人力资源工作方面的差距以促改进。
外部标杆	行业龙头企业人均月产值、行业龙头企业人均月利润、行业龙头企业人均月销售额、行业龙头企业人均培训时长、行业龙头企业外部招聘满足率。	18万元、5万元、20万元、12小时、95%。	提供高目标追求和发展方向，借鉴成功经验提升人效和人力资源工作水平。

在进行人效指标分析时，需要综合这四个目标值，根据公司的实际情况和需求进行选择和应用。同时，还需要不断地对目标值进行调整和优化，以适应市场的变化和企业的发展需求。提升人力成本贡献率是一个系统性的工程，需要企业综合考虑多个方面的因素，不断探索和创新，采取有效的措施进行优化和管理。

后　记

在商业的浩瀚海洋中，企业如同航行的巨轮，而战略与执行便是引领其驶向成功彼岸的两把关键钥匙。

战略，是企业前行的灯塔。它为企业指明方向，确定目标与定位。一个清晰而明智的战略能够让企业在复杂多变的市场环境中找准自己的位置，明确发展路径。它犹如一张宏伟的蓝图，勾勒出企业的未来愿景，使企业上下一心，朝着共同的目标奋进。有了战略，企业才能在众多竞争对手中脱颖而出，抓住机遇，迎接挑战。它让企业在决策时有据可依，避免盲目行动，降低风险。

然而，仅有战略是不够的，执行是将战略转化为现实的关键力量。执行是脚踏实地的行动，是对战略的具体落实。再好的战略，如果没有强有力的执行，也只是空中楼阁。执行需要企业全体员工的共同努力，需要高效的组织架构、明确的职责分工和严格的管理制度。只有通过高效执行，才能将战略规划中的每一个步骤、每一个细节都落到实处，确保企业的各项工作有序推进。执行还要求具备坚韧不拔的毅力和应对变化的灵活性，在面对困难和挫折时，能够坚定不移地朝着目标前进，同时根据实际情况及时调整执行策略。

在当下，AI 的迅猛发展正为企业的战略与执行带来全新的变革。从战略层面来看，AI 凭借强大的数据分析和预测能力，能帮助企业更精准地洞察市场趋势、挖掘潜在需求。通过对海量数据的深度学习，AI 可以提前预判行业动态，助力企业制订更具前瞻性的战略规划，在竞争中抢占先机。如利用 AI 进行市场需求预测，能让企业提前布局新产品研发或业务拓展方向。在执行环节，AI 同样大显身手。智能自动化流程可大幅提高工作效率，减少人力成本和人为失误。例如，智能客服可以快速响应客户咨询，智能生产设备能实现更精准高效的生产流程控制。同时，AI 还能通过实时监测和分析执行过程中的数据，及时发现问题并提供优化建议，帮助企业灵活调整执行策略，确保战略目标的顺利达成。

总之，战略与执行如同鸟之两翼、车之两轮，缺一不可。而 AI 则是这股发展力量中的新引擎。企业只有紧紧握住战略、执行这两把钥匙，并充分借助 AI 的力量，才能在激烈的市场竞争中开启成功之门，实现可持续发展和长久繁荣。